Estruturas de Dados

Dados Internacionais de Catalogação na Publicação (CIP)
(Câmara Brasileira do Livro, SP, Brasil)

Lorenzi, Fabiana
  Estruturas de dados / Fabiana Lorenzi, Patrícia Noll de Mattos, Tanisi Pereira de Carvalho.
- São Paulo : Cengage Learning, 2015.

  1. reimpr. da 1. ed. de 2007
  Bibliografia.
  ISBN 978-85-221-0556-4

  1. Dados - Estruturas (Ciência da Computação)
2. Informática I. Mattos, Patrícia Noll de. II. Carvalho, Tanisi Pereira de. III. Título.

06-8375   CDD-005.73

Índices para catálogo sistemático:

1. Dados : Estruturas : Processamento de dados 005.73
2. Estruturas de dados : Processamento de dados 005.73

Estruturas de Dados

**Fabiana Lorenzi
Patrícia Noll de Mattos
Tanisi Pereira de Carvalho**

Austrália • Brasil • Japão • Coreia • México • Cingapura • Espanha • Reino Unido • Estados Unidos

Estruturas de Dados

Fabiana Lorenzi
Patrícia Noll de Mattos
Tanisi Pereira de Carvalho

Gerente Editorial: Patricia La Rosa

Editora de Desenvolvimento: Ligia Cosmo Cantarelli

Supervisor de Produção Editorial: Fábio Gonçalves

Supervisora de Produção Gráfica: Fabiana Alencar Albuquerque

Copidesque: Mônica Cavalcante Di Giacomo

Revisão: Norma Gusukuma

Composição: Roberto Maluhy Jr. e Mika Mitsui

Capa: Gabinete de Artes

© 2007 Cengage Learning Edições Ltda.

Todos os direitos reservados. Nenhuma parte deste livro poderá ser reproduzida, sejam quais forem os meios empregados, sem a permissão, por escrito, da Editora. Aos infratores aplicam-se as sanções previstas nos artigos 102, 104, 106 e 107 da Lei nº 9.610, de 19 de fevereiro de 1998.

Para informações sobre nossos produtos, entre em contato pelo telefone **0800 11 19 39**

Para permissão de uso de material desta obra, envie seu pedido para **direitosautorais@cengage.com**

© 2007 Cengage Learning. Todos os direitos reservados.

ISBN-13: 978-85-221-0556-4
ISBN-10: 85-221-0556-1

Cengage Learning
Condomínio E-Business Park
Rua Werner Siemens, 111 – Prédio 11 – Torre A – Conjunto 12
Lapa de Baixo – CEP 05069-900 – São Paulo – SP
Tel.: (11) 3665-9900 – Fax: (11) 3665-9901
SAC: 0800 11 19 39

Para suas soluções de curso e aprendizado, visite
www.cengage.com.br

Impresso no Brasil.
Printed in Brazil.
1 2 3 4   08 07 06

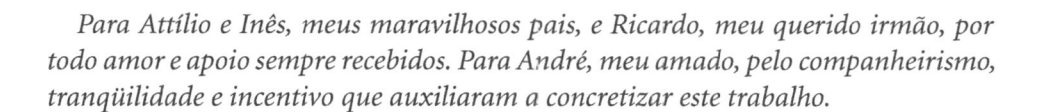

Para Attílio e Inês, meus maravilhosos pais, e Ricardo, meu querido irmão, por todo amor e apoio sempre recebidos. Para André, meu amado, pelo companheirismo, tranqüilidade e incentivo que auxiliaram a concretizar este trabalho.

Fabiana Lorenzi

Dedico este livro à minha família: minha mãe, Haydée, meu pai Milton (em memória) e minha irmã, Adriana. Dedico também a meu cunhado e "irmão", Berg e a todos os meus alunos, com quem muito aprendi todos estes anos.

Patrícia Noll de Mattos

Para meus pais e minha querida vó (em memória) pelo exemplo de amor. Para Flávio e Flávia Tavaniello, meus amores, pelo apoio, dedicação e por serem a razão de tudo.

Tanisi Carvalho

Sumário

Sobre as Autoras ix

Introdução xi

1 Sub-rotinas 1
   1.1   Variáveis Globais e Locais 1
   1.2   Passagem de Parâmetro (por valor × por referência) 1

2 Vetores e Matrizes 7
   2.1   Vetores 7
   2.2   Matrizes 8
        2.2.1   Matrizes Especiais 9
        2.2.2   Matrizes Esparsas 12

3 Alocação de Memória Estática × Dinâmica 17

4 Listas 19
   4.1   Listas Seqüenciais 19
   4.2   Listas Encadeadas 22
        4.2.1   Listas Simplesmente Encadeadas 25
        4.2.2   Listas Encadeadas com Header 55
        4.2.3   Listas Duplamente Encadeadas 74

5 Estruturas Lineares com Disciplina de Acesso 99
   5.1   Pilhas (Stack) 99
        5.1.1   Pilhas Seqüenciais 100
        5.1.2   Pilhas Encadeadas 102

5.2 Filas (Queue) 105
    5.2.1 Filas Seqüenciais 105
    5.2.2 Filas Encadeadas 107
5.3 Deque ("Double-Ended Queue") 111
    5.3.1 Deque Seqüencial 111

6 Lista/Fila Circular 113
6.1 Lista Circular Seqüencial 113
6.2 Lista Circular Encadeada 117

7 Grafos 123
7.1 Conceitos 124
7.2 Como Representar Grafos? 125
    7.2.1 Declaração do Grafo Representado por Lista de Adjacência 127
    7.2.2 Implementação dos Procedimentos Conecta e Desconecta Utilizando Representação de Grafos por Lista de Adjacência 128
7.3 Como Percorrer Grafos? 136
    7.3.1 Percurso em Amplitude (Breadth First Search — BFS) 137
    7.3.2 Percurso em Profundidade (Depth First Search — DFS) 137
    7.3.3 Encontrar um Caminho entre Dois Vértices 137

Considerações Finais 141

Bibliografia 143

A Exercícios em Código Pascal 145
A.1 Exercícios de Listas Simplesmente Encadeadas 145
A.2 Exercícios de Listas Duplamente Encadeadas 150
A.3 Exercícios de Listas Simplesmente Encadeadas com Header 153
A.4 Exercícios de Lista Circular 156
A.5 Exercícios de Pilhas e Filas 157

B Exercícios em Código C 161
B.1 Exercícios de Listas Simplesmente Encadeadas 161
B.2 Exercícios de Listas Duplamente Encadeadas 166
B.3 Exercícios de Listas Simplesmente Encadeadas com Header 169
B.4 Exercícios de Lista Circular 172
B.5 Exercícios de Pilhas e Filas 172

Sobre as Autoras

Fabiana Lorenzi Doutoranda em Computação na Universidade Federal do Rio Grande do Sul, onde atualmente trabalha com sistemas de recomendação multiagentes. Mestre em Ciência da Computação pela Universidade Federal do Rio Grande do Sul e bacharel em Informática pela Universidade Luterana do Brasil (Ulbra). Professora da Ulbra na área de Tecnologia e Computação desde 1997, onde ministra as disciplinas de Estruturas de Dados e Inteligência Artificial na graduação e Search Engines e Mineração na Web na pós-graduação.

Patrícia Noll de Mattos Doutoranda em Informática pela Universitat de Les Illes Balears (Espanha), mestre em Ciências da Computação pela Universidade Federal do Rio Grande do Sul, bacharel em Informática pela PUC-RS. Professora da Universidade Luterana do Brasil desde 1994, atuando nas disciplinas de Estruturas de Dados I, Paradigmas de Linguagens de Programação e Algoritmos e Programação. Possui produções didáticas na área do ensino a distância pela Ulbra e Ulbra/Iesde (produção impressa e vídeo) e publicou um caderno universitário chamado Linguagem de Programação II, também pela Ulbra.

Tanisi Pereira de Carvalho Mestre em Ciência da Computação pela Universidade Federal do Rio Grande do Sul (1996) e bacharel em informática pela Pontifícia Universidade Católica do Rio Grande do Sul (1993). Professora da Universidade Luterana do Brasil desde 1995 ministrando disciplinas de lógica de programação, estruturas de dados e banco de dados. Analista de Sistema Sênior da Brasil Telecom desde 1998, onde atuou na área de desenvolvimento de sistemas sendo responsável pela migração de sistemas regionais para soluções corporativas e coordenação de equipes de projeto. Atualmente trabalha na área de backup corporativo em atividades relacionadas a administração, implantação e planejamento do ambiente.

Introdução

Uma das bases da ciência da computação é o desenvolvimento de algoritmos e programas. Os algoritmos são um conjunto de passos bem definidos para a solução de um problema. Podemos criar um algoritmo para qualquer fim, por exemplo: trocar o pneu de um carro, fazer um saque em um caixa eletrônico; e também outros tipos de problemas, como calcular a média das notas dos alunos de uma turma.

Esses algoritmos codificados em uma linguagem de programação são chamados de programas. Neste livro abordamos o português estruturado e duas linguagens de programação, C e Pascal, para o desenvolvimento dos métodos de manipulação das estruturas de dados estudadas.

A linguagem Pascal e a linguagem C são muito utilizadas em várias universidades e também comercialmente. A linguagem Pascal ganhou força no mercado de trabalho com o surgimento da linguagem Delphi na década de 1990. A linguagem C é bastante útil aos desenvolvedores na construção de programas que manipulam uma grande quantidade de dados e arquivos. O português estruturado apresentado neste livro tem sua sintaxe em nível de comandos e declaração de variáveis baseada na linguagem C, já a passagem de parâmetros está mais próxima da utilizada na linguagem Pascal. O português estruturado pode ser empregado quando não se deseja vincular uma seqüência de comandos à sintaxe de uma linguagem de programação específica.

Os programas em C, Pascal e português estruturado apresentados neste livro são desenvolvidos aplicando a técnica de programação estruturada. A técnica de programação estruturada trouxe uma forma mais adequada de programação utilizando os comandos de seqüência, seleção e repetição e dividindo o programa em módulos. Cada módulo desenvolve uma tarefa específica, facilitando assim a manutenção e a reutilização do código.

A maioria das linguagens de programação possui uma seção de declaração de variáveis. Nesta parte do programa são definidas as variáveis e seu tipo de dados. O tipo de uma variável determina seu domínio, ou seja, o conjunto de valores que ela pode assumir. Por exemplo, no Pascal podemos utilizar a seguinte declaração: *valor:integer*. Isso significa que a variável *valor* pode assumir apenas valores inteiros. Atribuir à variável *valor* o número 45.3 resultaria em um erro já que um valor com ponto decimal (número real) não pode ser atribuído a uma variável declarada do tipo inteiro. Os tipos inteiro, real, caractere e lógico são tipos primitivos de dados. Outros tipos de dados mais complexos podem ser criados a partir desses tipos primitivos, por exemplo: registros, vetores e matrizes.

Além de elementos como estruturas de controle e variáveis, um programa pode empregar diferentes tipos de estruturas de dados. Neste livro serão estudadas estruturas de dados como listas, pilhas, filas e grafos. Na escolha do tipo de estrutura de dados para determinada aplicação, o programador deve considerar alguns elementos importantes como:

- utilização da estrutura de dados;
- métodos de manipulação da estrutura de dados;
- tipo de alocação.

A utilização está relacionada ao tipo de informação que a estrutura armazenará, por exemplo, uma lista de alunos com nome, telefone, endereço e número de matrícula. Para essa lista de alunos os nomes devem ser apresentados em ordem crescente e decrescente. Neste caso deve-se escolher a estrutura de dados que melhor represente essas características.

A estrutura de dados estuda as possíveis alternativas que um programador pode ter na hora de escolher a estrutura de dados adequada para determinada necessidade, considerando um melhor gerenciamento de memória e o acesso mais rápido à informação.

Este livro apresenta os diversos tipos de estruturas de dados e seus algoritmos de manipulação (inserção, exclusão, pesquisa e apresentação). O Capítulo 1 apresenta o conceito de sub-rotina, variável local e global e passagem de parâmetros. Esses conceitos são importantes e muito utilizados ao longo do livro. O Capítulo 2 apresenta os vetores e matrizes com suas características de alocação seqüencial e estática. Neste capítulo também são apresentadas as matrizes especiais: diagonais, triangulares, simétricas, anti-simétricas e esparsas. No Capítulo 3 serão estudadas as diferenças entre alocação estática e dinâmica. O Capítulo 4 apresenta o conceito e os algoritmos de manipulação de listas simplesmente encadeadas, listas duplamente encadeadas e listas com header.

O Capítulo 5 mostra as pilhas, filas e deques, estruturas que possuem uma determinada política para as operações de inclusão e exclusão. O Capítulo 6 apresenta um tipo particular de lista que são as listas circulares. Os grafos são estudados no Capítulo 7.

Os apêndices trazem exercícios para os códigos Pascal e C. Exercícios adicionais estão disponíveis para os professores na página deste livro no site *www.cengage.com.br*

Capítulo 1
Sub-rotinas

Geralmente, problemas complexos exigem algoritmos complexos, mas sempre é possível dividir um problema grande em problemas menores. Assim, cada subproblema pode ter um algoritmo mais simples chamado de sub-rotina.

Quando uma sub-rotina é chamada por um programa principal, ela é executada e, ao seu término, o controle de processamento retorna automaticamente para a primeira linha de instrução após a linha que efetuou a chamada. Também é possível dividir uma sub-rotina em várias outras sub-rotinas (recursividade).

1.1 Variáveis Globais e Locais

As variáveis utilizadas em programas podem ser de dois tipos: globais e locais.

Globais: são declaradas na seção de declaração do programa principal. Isso permite que essas variáveis possam ser empregadas em todo o programa, inclusive dentro das sub-rotinas, pois todo o programa é capaz de "enxergá-las".

Locais: são declaradas na seção de declaração da sub-rotina, fazendo que somente essa sub-rotina possa utilizá-las. O restante do programa não reconhece essas variáveis.

1.2 Passagem de Parâmetro (por valor × por referência)

Os parâmetros têm por finalidade servir como um ponto de comunicação entre uma sub-rotina e o programa principal, ou entre sub-rotinas. A passagem de parâmetro é a forma pela qual as sub-rotinas recebem valores de outras sub-rotinas. Os parâmetros funcionam como se fossem variáveis locais e são declarados normalmente entre parênteses, ao lado do nome da função/procedimento.

Na declaração dos parâmetros, devemos definir seu tipo e o nome que ele terá dentro da referida sub-rotina. Esses parâmetros podem ser passados de duas formas: por valor e por referência.

Exemplo em português estruturado:

```
1  verifica_valor(inteiro valor)
2  inicio
3
4  fim
```

O parâmetro definido no procedimento anterior chama-se *valor* e pode receber um valor inteiro.

Exemplo em C:

```
1  void verifica_valor(int valor)
2  {
3
4  }
```

No exemplo em C, o procedimento verifica_valor recebe um parâmetro inteiro chamado *valor*. A palavra **void** no início da declaração do cabeçalho indica que esse procedimento não retornará valor algum.

Ao chamarmos um procedimento, devemos passar um valor do mesmo tipo do solicitado na definição do parâmetro. Esse valor pode ser absoluto ou pode estar em uma variável.

Exemplo: A seguir, o procedimento definido anteriormente está sendo chamado e o valor 5 está sendo enviado, para ser recebido pelo parâmetro valor:

```
1  verifica_valor(5); //utilizando um valor absoluto
```

ou

```
1  int v=5;
2  ...
3  verifica_valor(v); //utilizando a variável v que contém este valor
```

Importante: quando enviamos um valor, apenas indicamos o próprio valor ou o nome da variável que o contém, ao passo que, quando declaramos um parâmetro, devemos indicar seu tipo.

Em Pascal:

Caso o subprograma retorne um valor, trata-se de uma função, cuja sintaxe é apresentada a seguir:

```pascal
function soma(valor : integer) : integer;
var
   valor_a_retornar : integer;
begin
   . . .
   soma := valor_a_retornar;
end;
```

No exemplo apresentado, a função chamada **soma** retorna um valor inteiro (indicado pela palavra **integer** no final do cabeçalho da função). Esse valor é retornado pelo **nome da função**, conforme a atribuição presente em seu final.

Passagem de Parâmetro por Valor

Esse foi o tipo de passagem de parâmetro apresentado nos exemplos anteriores, nos quais apenas um valor entra na função por meio de um parâmetro e este pode ser utilizado somente pela função. Isso significa que a função não pode alterar o valor passado, mandando-o de volta para quem chamou a função. Para que isso ocorra, é necessário que se utilize passagem de parâmetro por referência.

Passagem de Parâmetro por Referência

Nesse tipo de passagem de parâmetro, o que é recebido não é apenas o valor, mas a variável enviada, ou seja, sua localização na memória. Isso possibilita que a função acesse essa posição de memória, utilize e altere seu conteúdo.

Em português estruturado, está sendo empregada a palavra **ref** antes da definição do parâmetro para indicar que a passagem de parâmetro ocorre por referência:

```
insere_final(ref registro nodo *iniciol, ref registro nodo *fiml, inteiro \
(cont.) valor, ref logico status)
inicio

fim
```

Em C:

A linguagem C recebe diretamente o endereço de memória do argumento e trabalha nessa posição de memória, acessando e trabalhando diretamente na posição de memória do argumento passado. O resultado final é semelhante ao da passagem de parâmetro por referência, tratando-se apenas de uma diferença conceitual.

Para que uma função em C possa acessar a posição de memória do argumento passado, utiliza-se um parâmetro ponteiro. Porém, se o argumento a ser passado já é um ponteiro, define-se o parâmetro como ponteiro de ponteiro, conforme o exemplo a seguir:

```c
void insere_final(struct nodo **inicio, struct nodo **fim, int valor, int *status)
{

}
```

Porém, ao declararmos um parâmetro como ponteiro de ponteiro, devemos utilizar o operador * (asterisco) sempre que for utilizado o parâmetro, indicando o conteúdo da referida posição de memória, conforme o exemplo a seguir:

```c
void insere_final(struct nodo **inicio, struct nodo **fim, int valor, int *status)
{
  struct nodo *p;
  if (*inicio == NULL) {
    *inicio = (struct nodo *) malloc(sizeof(struct nodo));
    if (*inicio) {   //cria primeiro nodo
      (*inicio)->dados = valor;
      (*inicio)->proximo = NULL;
      *fim = *inicio;
      *status = 1;
    } else
      *status = 0;
  } else {           //cria o segundo nodo em diante
    p = (struct nodo *) malloc(sizeof(struct nodo));
    if (p) {
      p->dados = valor;
      p->proximo = NULL;
      (*fim)->proximo = p;
      *fim = p;
      *status = 1;
    }
    else
      *status = 0;
  }
}
```

Como passar os argumentos no momento da chamada dessa função?

Nos parâmetros que são ponteiros, se o argumento não for uma variável ponteiro, deve-se utilizar o operador & para fornecer seu endereço de memória. Se o parâmetro for ponteiro de ponteiro e o argumento apenas um ponteiro, também é necessário empregar o operador & no argumento passado.

Exemplo de chamada da função citada anteriormente:

```
1  insere_final(&inicio, &fim, valor, &status);
```

Em Pascal:

A linguagem Pascal implementa o conceito de passagem de parâmetro por referência utilizando a palavra reservada **var** na frente da declaração do parâmetro, conforme apresentado a seguir:

```
1   procedure insere_final(var inicio : aponta_nodo, var fim : aponta_nodo, \
    (cont.) valor : integer, var status : integer)
2   begin
3       . . .
4   end
```

Neste exemplo, o parâmetro valor está sendo passado por valor, enquanto os parâmetros inicio, fim e status estão sendo passados por referência.

Capítulo 2

Vetores e Matrizes

2.1 Vetores

O tipo vetor permite armazenar mais de um valor em uma mesma variável. O tamanho dessa variável é definido na sua declaração, e seu conteúdo é dividido em posições. Nessa estrutura todos os elementos são do mesmo tipo, e cada um pode receber um valor diferente.

Algumas características do tipo vetor:

- Alocação estática (deve-se conhecer as dimensões da estrutura no momento da declaração)

- Estrutura homogênea

- Alocação seqüencial (bytes contíguos)

- Inserção/Exclusão

    - Realocação dos elementos
    - Posições de memória não liberadas

A partir do endereço do primeiro elemento é possível determinar a localização dos demais elementos do vetor. Isso é possível porque os elementos do vetor estão dispostos na memória um ao lado do outro.

```
1  Elemento [1] = endereço inicial
2  Elemento [2] = endereço inicial + tamanho elemento
3  Elemento [3] = endereço inicial + 2 * tamanho elemento
```

Exemplo:

```
1  //Em Português Estruturado:
2  inteiro v[5]
```

```
1  {Em Pascal:}
2  v : array[1..5] of integer;
```

```
1  //Em C:
2  int v[5];
```

0	1	2	3	4
15	34	67	3	14

V[1] = 34

2.2 Matrizes

Uma matriz é um arranjo bidimensional ou multidimensional de alocação estática e seqüencial. Todos os valores da matriz são do mesmo tipo e tamanho, e a posição de cada elemento é dada pelos índices, um para cada dimensão.

Os elementos ocupam posições contíguas na memória. A alocação dos elementos da matriz na memória pode ser feita colocando os elementos linha-por-linha ou coluna-por-coluna.

Definição:

```
1  //Em Português Estruturado:
2  inteiro matriz[2][2]
```

```
1  {Em Pascal:}
2  matriz : array[1..2,1..2] of integer;
```

```
1  //Em C:
2  int matriz[2][2];
```

A00	A01
A10	A11

Observações sobre matrizes:

- Estrutura homogênea
- Arranjo bi ou multidimensional (um índice por dimensão)
- Alocação estática
- Posições contíguas de memória

Exemplo:

Localização dos elementos na memória:
M00, M01, M10, M11
M00 = end. Inicial
M01 = end. Inicial + 1 × tam. Elemento
M10 = end. Inicial + i × (C) × tam. Elemento
M11 = end. Inicial + i × (C) × tam. Elemento + j × tam. Elemento

2.2.1 Matrizes Especiais

Uma matriz é especial quando a maioria de seus elementos é igual a zero ou a um valor constante. Nesse tipo de matriz ocorre um desperdício de espaço na alocação de memória porque a maioria dos elementos tem o mesmo valor. Para solucionar o problema de desperdício de memória, podemos representar apenas os valores significativos (diferentes de zero ou valor constante) da matriz.

Matrizes Diagonais

Nesse tipo de matriz apenas os elementos da diagonal principal ou secundária são significativos, os demais elementos são iguais a uma constante. Nesse caso, a matriz pode ser representada por um vetor V [1..L] (onde L é igual ao número de linhas da matriz), contendo os valores significativos da diagonal principal ou secundária.

Ex: Matriz [4 × 4]

15	0	0	0
0	44	0	0
0	0	35	0
0	0	0	12

Representação:
V : array [1..4] of integer;

15	44	35	12

```
1  //Em Português Estruturado:
2  Procedimento Imprime(inteiro v[4]);
3  inicio
4      inteiro i, j;
5      para I = 1 ate 4
6          para j = 1 ate 4
7              se (i = j)
8                  entao escreva(v[i])
9                  senao escreva(?0?);
10 fim
```

```
1  {Em Pascal:}
2  Procedure Imprime(V : vetor);
3  Var
4      i, j : integer;
5  begin
6      for i := 1 to 4
7      do
8          for j := 1 to 4
9          do
10             if i = j then
11                 writeln(v[i])
12             else
13                 writeln('0');
14 end;
```

```
1  //Em C:
2  void Imprime(int v[4]);
3  {
4      int i, j;
5      for (i = 0; i <= 3; i++)
6          for (j = 0; j <= 3; j++)
7              if (i == j)
8                  printf("%d", v[i]);
9              else
10                 printf("0");
11 }
```

Matrizes Triangulares

Nas matrizes triangulares apenas os elementos da diagonal principal ou secundária e os abaixo (ou acima) têm valor diferente da constante ou zero. Neste caso, também vamos armazenar apenas os valores significativos em um vetor.
Exemplo:

25	0	0	0
33	9	0	0
19	78	65	0
8	12	54	28

Função de mapeamento para uma matriz triangular inferior:
$M[i,j] = v[j + i * (i - 1) / 2]$

Representação:
vetor = array [1..10] of integer;

| 25 | 33 | 9 | 19 | 78 | 65 | 8 | 12 | 54 | 28 |

```
1  //Em Português Estruturado:
2  funcao Pesquisa (inteiro V[10], inteiro L, inteiro C)
3  inicio
4      se C > L entao
5          pesquisa = 0
6      senao pesquisa = V [C + L * (L - 1) / 2]
7  fim
```

```
1  {Em Pascal:}
2  Function Pesquisa(v : vetor; L, C : integer) : integer;
3  begin
4      if C > L then
5          pesquisa := 0
6      else
7          pesquisa := V[C + L * (L - 1) / 2];
8  end;
```

```
1  //Em C:
2  int Pesquisa (int V[10], int L, int C)
3  {
4      if ((C > L)
5          pesquisa = 0;
```

```
6      else
7          pesquisa = V [C + L * (L - 1) / 2];
8  }
```

Matrizes Simétricas e Anti-simétricas

Uma matriz é simétrica quando M[i,j] = M[j,i] e é anti-simétrica quando M[i,j] = -M[j,i]. Neste caso, é necessário representar apenas os elementos do triângulo superior ou inferior pelo mesmo método usado para matrizes triangulares.

Exemplo: Simétrica

23	13	5	4
13	8	23	35
5	23	66	54
4	35	54	20

Exemplo: Anti-simétrica

23	-13	- 5	- 4
13	8	-23	-35
5	23	66	-54
4	35	54	20

2.2.2 Matrizes Esparsas

Em uma matriz esparsa, a maioria dos elementos é igual a zero, sendo apenas 30% dos valores significativos. Para esse tipo de estrutura também armazenam-se apenas os valores significativos. As próximas seções mostram as formas de representação de uma matriz esparsa.

Matriz de Valores Significativos

M: vetor [1..6,1..6] de inteiro;

2	0	0	45	0	10
0	1	7	0	0	0
0	0	0	3	0	0
0	0	0	0	0	0
-8	0	0	0	0	0
0	0	15	0	0	0

MTRI: vetor [0..8,1..3] de inteiro;
M[0,1] = Número de linhas da matriz esparsa
M[0,2] = Número de colunas da matriz esparsa
M[0,3] = Número de elementos significativos da matriz esparsa

	1	2	3
0	6	6	8
1	1	1	2
2	1	4	45
3	1	6	10
4	2	2	1
5	2	3	7
6	3	4	3
7	5	1	-8
8	6	3	15

Matriz de Bits

Nesse tipo de representação, a posição dos elementos significativos da matriz esparsa é representada por uma matriz de bits e os valores significativos são armazenados em um vetor. A vantagem dessa implementação é que a matriz de bits ocupa pouca memória em relação à matriz original e o vetor armazena apenas os valores diferentes da constante.

Exemplo: Matriz Original

2	0	0	45	0	10
0	1	7	0	0	0
0	0	0	3	0	0
0	0	0	0	0	0
-8	0	0	0	0	0
0	0	15	0	0	0

Representação:

Matriz de Bits

1	0	0	1	0	1
0	1	1	0	0	0
0	0	0	1	0	0
0	0	0	0	0	0
1	0	0	0	0	0
0	0	1	0	0	0

Junto com V[1..8]

2	45	10	1	7	3	-8	15

Matriz Esparsa

36 * 32bits = 1152

Matriz de Bits

Matriz → 36 * 1 = 36

Vetor → 8 * 32bits = 256

Total = 292

Listas Encadeadas

Apenas os elementos significativos da matriz esparsa são representados na lista encadeada.

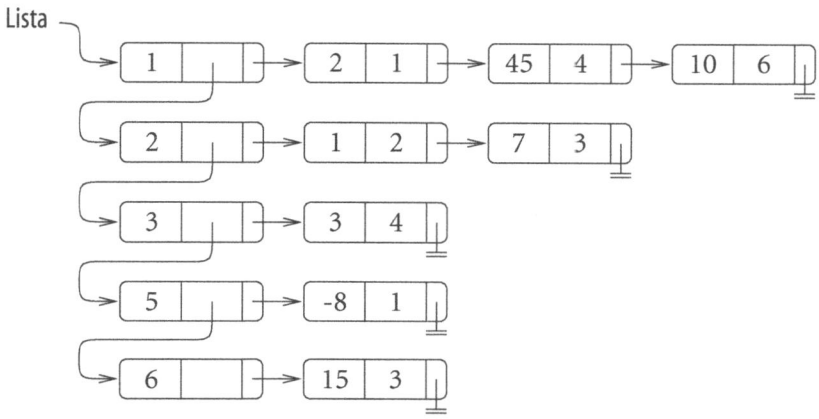

Exercícios

1. Leia valores inteiros para uma matriz 5 × 5. Mostre na tela os elementos pertencentes à diagonal principal.

2. Dada uma matriz de inteiros 5 × 5, contendo elementos, passe para um vetor apenas os elementos da diagonal principal, mostrando-os na tela.

3. Leia valores inteiros para uma matriz 5 × 5. Mostre na tela os elementos pertencentes à diagonal secundária.

4. Dada uma matriz de inteiros 5 × 5, contendo elementos, passe para um vetor apenas os elementos da diagonal secundária, mostrando-os na tela.

5. Mostre os elementos da matriz (5 × 5) que estão acima da diagonal principal, incluindo-a.

6. Mostre os elementos da matriz (5 × 5) que estão abaixo da diagonal secundária, incluindo-a.

Capítulo 3
Alocação de Memória Estática × Dinâmica

Para o entendimento e a aplicação das principais estruturas apresentadas aqui, é fundamental a compreensão dos conceitos de alocação estática e dinâmica.

A alocação estática ocorre em tempo de compilação, ou seja, no momento em que se define uma variável ou estrutura é necessário que se definam seu tipo e seu tamanho. Por quê? Porque nesse tipo de alocação, ao se colocar o programa em execução, a memória necessária para se utilizar as variáveis e estruturas estáticas precisa ser reservada e deve ficar disponível até o término do programa.

A alocação dinâmica ocorre em tempo de execução, ou seja, as variáveis e estruturas são declaradas sem a necessidade de se definir seu tamanho, pois nenhuma memória será reservada ao colocar o programa em execução. Bom, se nenhuma memória é reservada, como será possível utilizar as variáveis ou estruturas?

Durante a execução do programa, no momento em que uma variável ou parte de uma estrutura precisar ser utilizada, sua memória será reservada e, no momento em que não for mais necessária, deve ser liberada. Isso é feito com o auxílio de comandos ou funções que permitem, por meio do programa, reservar e liberar memória.

Em relação às estruturas de dados, pode-se dizer que os vetores e matrizes são estruturas estáticas e, por esse motivo, devemos definir seu número de posições. Em algumas linguagens, é possível criar vetores dinâmicos. Estes são criados por meio de ponteiros, e sua memória é reservada durante a execução do programa. Porém, como toda a memória para o vetor é reservada de uma única vez, deve-se saber, no momento da alocação, seu número de posições.

As estruturas encadeadas são estruturas dinâmicas, pois sua memória é reservada durante a execução do programa. Porém, elas apresentam tamanho variável, pois, diferentemente dos vetores dinâmicos, sua memória é reservada por elemento e não para toda a estrutura.

Por que é possível a utilização de índices em um vetor ou matriz? Como se trata de estruturas cuja memória é reservada de uma única vez, seus *bytes* são contíguos em memória, possibilitando assim que os índices sejam calculados.

O acesso a um elemento pelo seu endereço é mais rápido do que por meio de um índice, cujo cálculo torna-se desnecessário.

Veja o exemplo do vetor a seguir:

Vet : vetor de 5 posições inteiras

10	30	55	98	23

Vet[1] = endereço inicial do vetor

Vet[2] = endereço inicial do vetor mais o número de bytes de um inteiro

Vet[3] = endereço inicial do vetor mais duas vezes o número de bytes de um inteiro

Vet[4] = endereço inicial do vetor mais três vezes o número de bytes de um inteiro

Vet[5] = endereço inicial do vetor mais quatro vezes o número de bytes de um inteiro

O cálculo do índice ocorre automaticamente, ao ser utilizada uma estrutura indexada.

Capítulo 4

Listas

Uma lista é um conjunto de dados ordenados e de número variável de elementos. Existem dois tipos de listas:

Lista seqüencial: cada elemento da lista ocupa posição sucessiva ao elemento anterior.

Lista encadeada: a ordem dos elementos da lista é dada pelos apontadores (elos).

4.1 Listas Seqüenciais

Lista linear: uma lista linear é um conjunto de n nodos, $n \geqslant 0$; $X_1, X_2, \ldots, X_n$, que refletem as propriedades abaixo:

1. Se $n > 0$, então X_1 é o primeiro nodo da lista e X_n é o último;
2. Para $1 < k < n$, X_k é precedido por X_{k-1} e sucedido por X_{k+1};
3. Se $n = 0$, então dizemos que a lista é *vazia*.

Algumas operações:

1. Acesso a determinado elemento;
2. Inserção de novo elemento (aumento da lista);
3. Retirada de um elemento (diminuição da lista);
4. Concatenação de duas listas;
5. Separação de uma lista em várias outras listas;
6. Contagem do número de elementos.

Representação por Contigüidade

Aproveita a seqüencialidade da memória, de modo que uma lista L (com n nodos e todos os nodos do mesmo tamanho) ocupe um espaço consecutivo em memória equivalente ($n \times$ tamanho de um nodo).

$m \Rightarrow$ número (máximo) de elementos que a lista L poderá armazenar;

$n \Rightarrow$ número de elementos existentes em determinado momento.

Uma lista linear, portanto, é definida como um vetor, em que *tipo* é o tipo de dado a ser representado em cada nó da lista.

Exemplo:

```
1  Constante
2     m = 10  //Número máximo permitido de elementos na lista.
3  Tipo
4     Lista = vetor [1..m] de tipo*;
```

*um tipo qualquer da linguagem de programação utilizada.

Exemplos de Operações em Listas Seqüenciais

a) Acesso a determinado elemento

```
1  //Em Português Estruturado:
2  Procedimento Acessar(L : lista; k : inteiro; ref valor : tipo; N : \
   (cont.) inteiro; ref status : logico);
3  //Acessa o elemento k da lista L que possui N elementos. Se k for válido,\
   (cont.) STATUS é verdadeiro e o valor do nodo retorna em Valor. Se k for \
   (cont.) inválido, Status retorna falso, indicando que a operação foi \
   (cont.) malsucedida.
4  inicio
5     se (k <= 0) ou (k > N)
6     entao
7        status = falso
8     senao inicio
9        valor = L[k];
10       status = verdadeiro;
11    fim;
12 fim;
```

```pascal
1  {Em Pascal:}
2  Procedure Acessar(L : lista; k : integer; var valor : integer; N : \
   (cont.) integer; var status : boolean);
3  {Acessa o elemento k da lista L que possui N elementos. Se k for válido, \
   (cont.) STATUS é verdadeiro e o valor do nodo retorna em Valor. Se k for \
   (cont.) inválido, Status retorna falso, indicando que a operação foi \
   (cont.) malsucedida.}
4  begin
5    if (k <= 0) or (k > N) then
6      status := false
7    else begin
8        valor := L[k];
9        status := true;
10       end;
11 end;
```

```c
1  //Em C:
2  void Acessar(int L[10], int k, int *valor, int N, int *status);
3  //Acessa o elemento k da lista L que possui N elementos. Se k for válido,\
   (cont.) STATUS é verdadeiro e o valor do nodo retorna em Valor. Se k for \
   (cont.) inválido, Status retorna falso, indicando que a operação foi \
   (cont.) malsucedida.
4  {
5    if ((k <= 0) or (k > N))
6      *status = 1
7      else {
8         *valor = L[k];
9         *status = 0;
10        };
11 };
```

b) Inserção antes do primeiro elemento

  a) Deslocar os n elementos de uma posição (se $m > n$);

  b) Colocar o novo elemento ocupando V[1].

c) Inserção antes do k-ésimo elemento (k é dado)

  a) Deslocar os elementos (se possível);

  b) Colocar o novo elemento em V[k].

4.2 Listas Encadeadas

O uso de apontadores (*pointers*) é uma forma diferente de alocar espaço em memória denominada alocação dinâmica de memória. Nesse caso, a alocação é realizada durante a execução do programa, sempre que necessário, ao contrário da alocação estática de memória, que é feita sempre no início do programa e evita a necessidade de dimensionar o espaço a ser utilizado antes da execução.

A liberação da memória também é dinâmica, ou seja, espaços que não são mais necessários no programa podem ser liberados antes de seu término.

As listas encadeadas permitem a utilização de estruturas flexíveis em relação à sua quantidade de elementos, tendo em vista sua característica dinâmica. O elemento básico de uma lista encadeada é o nodo. Cada nodo é composto por uma parte que armazena dados e outra que armazena campos de ligação. O campo de ligação (*links*, ponteiros ou elos) de uma lista encadeada possui o endereço de memória onde o próximo nodo está armazenado, permitindo assim o encadeamento dos dados e possibilitando a implementação de listas encadeadas.

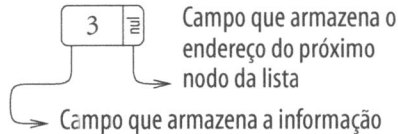

Figura 4.1 *Exemplo de um nodo.*

Uma vez que a memória necessária para armazenar cada elemento será reservada durante a execução do programa (alocação dinâmica), cada elemento pode ocupar posições aleatórias de memória, não apresentando uma seqüência física entre os elementos. Esse fato impossibilita o emprego de índices, pois não se tem uma variação linear dos endereços. Para que se possa, então, manter uma ordem dos elementos, deve-se utilizar uma seqüência lógica para eles. Esta se dá armazenando-se, em cada elemento, o endereço de memória onde está armazenado o próximo elemento da lista.

a) **Variáveis do tipo apontador**

Uma variável do tipo apontador armazena sempre um endereço de memória. Ela é utilizada como referência da posição de memória onde está o elemento que se deseja acessar.

Essas variáveis são um tipo especial de variável utilizada para gerenciar a alocação dinâmica de memória. Apresentam as seguintes características:

- são declaradas no programa com um tipo de dado associado;
- o tipo de dado associado ao apontador define o tamanho de memória a ser alocado e o tipo de dado a ser armazenado nesta área;
- ao solicitar uma área de memória, o programa indica qual apontador será associado a essa área, definindo a área de memória a ser alocada (tamanho e tipo de dado);
- o apontador associado à solicitação passa a conter o endereço físico da área de memória alocada.

Exemplo de utilização e declaração de uma variável do tipo apontador:

```
1  {Em Pascal:}
2  program ponteiro;
3  var
4     a : integer;
5     p : ^integer;
6  begin
7     a := 5;
8     p := @a;        {operador endereço de memória : @}
9     ^p = ^p + 1; {o ^ acessa o conteúdo da posição p de memória}
10    writeln('Valor de a= ', a);
11    readln;
12 end.
```

```
1  //Em C:
2  void main()
3  {
4     int a, *p;
5     a = 5;
6     p = &a;         //operador endereço de memória : &
7     *p = *p + 1; //o * acessa o conteúdo da posição p de memória
8     printf("Valor de a = %i\n", a);
9     getch();
10 }
```

b) **Exemplo de declaração de uma lista simplesmente encadeada**

```
1  //Em Português Estruturado:
2  Registro nodo
```

```
3  inicio
4    inteiro dados
5    registro nodo *proximo
6  fim
7  registro nodo *inicio
```

```
1  {Em Pascal:}
2  Type
3    Aponta_nodo = ^nodo;
4    Nodo        = Record
5                    Dados   : integer;
6                    Proximo : aponta_nodo;
7                    end;
8  Var
9    Inicio : aponta_nodo;
```

```
1  //Em C, o nodo pode ser declarado por meio de uma struct:
2  struct nodo
3  {
4    int dados;
5    struct nodo *proximo;
6  };
7  struct nodo *inicio;
```

c) **Alocação de memória**

A alocação dinâmica ocorre da seguinte forma:

- No momento em que o programa necessita de um espaço para armazenar determinado valor, este é solicitado por meio de um comando especial (*new* no Pascal ou malloc(), na linguagem C). Em termos de português estruturado, será usada a denominação *Aloca*. A alocação desse espaço acontece neste momento, e ele fica disponível para ser utilizado no programa. A Figura 4.2 mostra a memória depois da execução do comando *Aloca (inicio)*, onde a variável *inicio* armazena o endereço de uma estrutura do tipo nodo (conforme declaração apresentada no item anterior). Graficamente, é como apresentar o conteúdo de uma variável do tipo apontador como uma seta apontada para determinado nodo, mas, na verdade, essa variável contém um endereço de memória.

- Quando determinado espaço alocado dinamicamente não for mais necessário, este pode ser liberado mediante outro comando especial chamado *libera* no português estruturado (*dispose* no Pascal e *free* no C presente em alloc.h). Esse comando libera o endereço de memória indicado para a LED (Lista de Espaços Disponíveis).

- O mesmo espaço de memória pode ser alocado novamente, porém é como se outra variável fosse alocada.
- A escolha da área a ser utilizada é feita pelo gerenciador de memória, não pelo programa de aplicação.
- Ao fazer a solicitação de espaço, o programa deve especificar seu tamanho e o seu tipo. Isso é feito por meio de variáveis do tipo apontador.

d) **Manipulação da estrutura**

A Figura 4.2 mostra a situação na memória depois da execução de cada comando. Inicialmente a variável *inicio* não contém um endereço válido de memória (pode-se dizer que ela contém lixo); depois da execução do comando Aloca (inicio) um novo nodo é criado e a variável *inicio* recebe o endereço deste nodo, ou seja, aponta para o nodo. O comando inicio->dados = 5 atribui o valor 5 ao campo dados do nodo apontado por *inicio*, e o comando inicio->proximo = nulo atribui o valor nulo (endereço nulo de memória) ao campo *próximo* do nodo criado.

Comando   **Memória**

aloca (inicio) .... inicio → ☐☐

inicio->dados = 5 .... inicio → ☐5☐

inicio->proximo = nulo .... inicio → ☐5☐

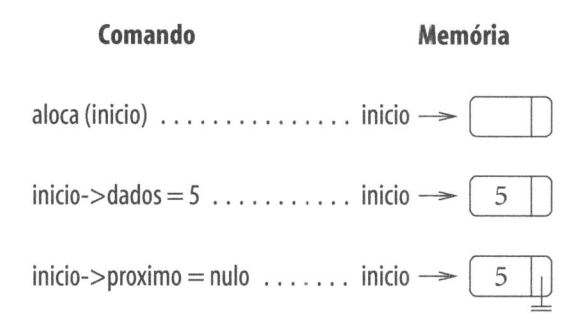

Figura 4.2 *Manipulação da estrutura.*

4.2.1 Listas Simplesmente Encadeadas

As listas simplesmente encadeadas utilizam nodos com apenas um campo de ligação. Os nodos são formados por um registro que possui, pelo menos, dois campos: a informação e o endereço de memória onde está armazenado o próximo elemento da lista.

```
        Lista
         ↓
     [ 21 |]→[ 33 |]→[ 42 |]
```

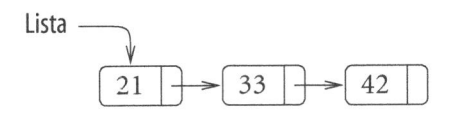

Exemplo:

```
1  //Em Português Estruturado:
2  Registro nodo
3  inicio
4     Inteiro dados
5     Registro nodo *proximo
6  fim
7  Registro nodo *iniciol, *fiml, *aux
```

```
1  {Em Pascal:}
2  Type
3     aponta_nodo = ^nodo;
4     nodo        = record
5                    dados   : integer;
6                    proximo : aponta_nodo;
7                   end;
8  Var
9     inicio, fim, aux : aponta_nodo;
```

```
1  //Em C:
2  struct nodo
3  {
4     int dados;
5     struct nodo *proximo;
6  } *inicio, *fim, *aux;
```

Como criar uma lista encadeada?

Deve-se manter uma variável armazenando sempre o endereço do primeiro elemento da lista, para que se possa acessá-la posteriormente. No exemplo a seguir, será utilizada a variável do tipo apontador *inicio* com essa função.

Como criar o primeiro elemento da lista?

```
1  //Em Português Estruturado:
2  Aloca(iniciol)  //modificamos a variável para Iniciol para não confundir com\
      (cont.) o comando inicio
3  se (iniciol <> nulo)
4  inicio
```

```
5      iniciol->dados = 5
6      iniciol->proximo = nulo
7      fiml = iniciol
8  fim
```

```
1  {Em Pascal:}
2  New(inicio);                        {reserva memória para elemento}
3  if inicio <> nil    {testa se a memória foi reservada, neste caso, inicio}
4  then begin                  {deve possuir o endereço da memória reservada}
5        Inicio^.dados := 5;             {armazena o valor absoluto 5}
6        Inicio^.proximo := nil; {por enquanto não existe próximo elemento}
7        Fim := inicio;       {este é também o último elemento da lista}
8     end;
```

```
1  //Em C, utilizar alloc.h:
2  inicio = (struct nodo *) malloc(sizeof(struct nodo));
3
4  //reserva memória p elemento
5  if (inicio) {
6    inicio->dados = 5;         //armazena o valor absoluto 5
7    inicio->proximo = NULL;    //por enquanto não existe próximo elemento
8    fim = inicio;              //este é também o último elemento da lista
9  }
```

Como criar o segundo elemento da lista?

Observe que a lista possui dois ponteiros, *iniciol* e *fiml*, que apontam respectivamente para o início e o fim da lista.

```
1  //Em Português Estruturado:
2  Aloca(p)
3  se (p <> nulo)
4  inicio
5     p->dados = 11
6     p->proximo = nulo
7     fiml->proximo = p
8     fiml = p
9  fim
```

```
1  {Em Pascal:}
2  New(aux);                   {aux recebe o endereço da memória reservada}
3  if aux <> nil
4  then begin
5        aux^.dados := 11;
6        aux^.proximo := nil;
```

```
7        fim^.proximo := aux; {armazena o endereço aux de memória no campo}
8        fim := aux;{próximo do último elemento da lista, endereçado por fim}
9    end; {fim recebe o endereço aux de memória, pois este é o último agora}
```

```
1  //Em C:
2  //p recebe o endereço da memória reservada
3  p = (struct nodo *) malloc(sizeof(struct nodo));
4  if (p) {
5      p->dados = 11;
6      p->proximo = NULL;
7      fim->proximo = p; //armazena o endereço p de memória no campo próximo do
     (cont.) último elemento da lista, endereçado por fim
8      fim = p; //fim recebe o endereço p de memória, pois este é o último agora
9  }
```

Como criar o terceiro elemento da lista?

```
1  //Em Português Estruturado:
2  Aloca(p)
3  se (p <> nulo)
4  inicio
5      p->dados = 8
6      p->proximo = nulo
7      fiml->proximo = p
8      fiml = p
9  fim
```

```
1  {Em Pascal:}
2  New(aux);
3  if aux <> nil
4  then begin
5          aux^.dados := 8;
6          aux^.proximo := nil;
7          fim^.proximo := aux;
8          fim := aux;
9      end;
```

```
1  //Em C:
2  p = (struct nodo *) malloc(sizeof(struct nodo));
3  if (p) {
4      p->dados = 8;
5      p->proximo = NULL;
6      fim->proximo = p;
7      fim = p;
8  }
```

Quando se observa a criação do segundo e do terceiro elemento da lista, percebe-se que o processo é o mesmo. Ao utilizar uma variável em vez de um valor absoluto, pode-se criar um procedimento genérico de inserção de elementos na lista.

Observação: A inserção de elementos neste exemplo ocorre sempre a partir do último elemento da lista, o que justifica a utilização da variável ponteiro **fim** (uma vez que se armazena o endereço do último elemento, evitando-se percorrer toda a lista a cada inserção, perdendo tempo de processamento). A seguir será representado o procedimento insere-direita que insere um elemento no final da lista.

Criação da lista inserindo seus elementos a partir do final da lista:

```
1   //Em Português Estruturado:
2   insere_direita(ref registro nodo *iniciol, ref registro nodo *fiml, inteiro \
    (cont.) valor, ref logico status)
3   inicio
4     registro nodo *p;
5     se (iniciol == nulo)
6     inicio
7        aloca(iniciol)
8        se (iniciol <> nulo) //cria primeiro primeiro nodo
9        inicio
10          iniciol->dados = valor
11          iniciol->proximo = nulo
12          fiml = iniciol
13          status = verdadeiro
14       fim
15       senao
16          status = falso
17     fim
18     senao inicio         //cria o segundo nodo em diante
19          aloca(p)
20          se (p <> nulo)
21          inicio
22             p->dados = valor
23             p->proximo = nulo
24             fiml->proximo = p
25             fiml = p
26             status = verdadeiro
27          fim
28          senao
29             status = falso
30     fim
31   fim
```

Esse procedimento pode ser simplificado. Para melhor compreensão, ele será descrito linha a linha:

```
1   insere_direita(ref registro nodo *iniciol, ref registro nodo *fiml, inteiro \
(cont.) valor, ref logico status)
2   inicio
3      registro nodo *p;
4      aloca(p)
5      se (p <> nulo)
6      inicio
7         p->dados = valor
8         p->proximo = nulo
9         se (inicio == nulo)
10           iniciol = p
11        senao
12           fiml->proximo = p
13        fiml = p
14        status = verdadeiro
15     fim
16     senao
17        status = falso
18  fim
```

03 - Variável apontador de registro p é declarada;

04 - a variável apontadora p é alocada em memória;

05 - se a alocação teve sucesso então...

07 - atualiza-se o campo *dados* do novo nodo;

08 - atualiza-se o campo *proximo* do novo nodo. Como é uma inserção à direita, ou seja, no final da lista, o campo *proximo* sempre recebe *nulo*;

09 - se a lista estiver vazia, ou seja, é o primeiro nodo que estamos inserindo nela, então...

10 - atualizamos a variável *iniciol* que deve receber o endereço do primeiro nodo da lista (neste caso, o endereço do nodo p que estamos inserindo);

11 - porém, se a lista já contém nodos...

12 - atualizamos o campo *proximo* do último nodo da lista (representado aqui pela variável *fiml*);

13 - atualizamos a variável *fiml* com o endereço do último nodo **inserido** (nodo p);

14 - atualizamos a variável *status* com verdadeiro, pois tudo deu certo no procedimento;

16 - atualizamos a variável *status* com falso, poisnão foi possível alocar espaço

em memória para esse novo nodo, e o erro deverá ser tratado pelo programa que chamou esse procedimento.

```pascal
{Em Pascal:}
Procedure insere_direita(var inicio, fim : aponta_nodo; valor : integer; var\
(cont.) status : boolean);
Var
   aux : aponta_nodo;
begin
   if inicio = nil
   then begin
           New(inicio);
           if inicio <> nil {cria primeiro nodo}
           then begin
                   inicio^.dados := valor;
                   inicio^.proximo := nil;
                   fim := inicio;
                   status := true;
                end
           else
               status := false;
        end
   else begin    {cria o segundo nodo em diante}
           New(aux);
           if aux <> nil
           then begin
                   aux^.dados := valor;
                   aux^.proximo := nil;
                   fim^.proximo := aux;
                   fim := aux;
                   status := true;
                end
           else
               status := false;
        end;
end;
```

Esse procedimento pode ser simplificado:

```pascal
{Em Pascal:}
Procedure insere_direita(var inicio, fim : aponta_nodo; valor : integer; var\
(cont.) status : boolean);
Var
   aux : aponta_nodo;
begin
   New(aux);
```

```
7       if aux <> nil
8       then begin
9              aux^.dados := valor;
10             aux^.proximo := nil;
11             if inicio = nil then
12                inicio := aux
13             else
14                fim^.proximo := aux;
15             fim := aux;
16             status := true;
17          end
18       else
19          status := false;
20   end;
```

```
1    //Em C (utilizar compilação em modo C++, no compilador):
2    void insere_direita(struct nodo **inicio, struct nodo **fim, int valor, int ↘
     (cont.) *status)
3    {
4      struct nodo *p;
5      if (*inicio == NULL) {
6        *inicio = (struct nodo *) malloc(sizeof(struct nodo));
7        if (*inicio) {                    // cria o primeiro nodo
8          (*inicio)->dados = valor;
9          (*inicio)->proximo = NULL;
10         *fim = *inicio;
11         *status = 1;
12       } else
13         *status = 0;
14     } else {                            // cria o segundo nodo em diante
15       p = (struct nodo *) malloc(sizeof(struct nodo));
16       if (p) {
17         p->dados = valor;
18         p->proximo = NULL;
19         (*fim)->proximo = p;
20         *fim = p;
21         *status = 1;
22       } else
23         *status = 0;
24     }
25   }
```

Esse procedimento pode ser simplificado:

```
1    void insere_direita(struct nodo **inicio, struct nodo **fim, int valor, int ↘
     (cont.) *status)
```

```
2  {
3    struct nodo *p;
4    p = (struct nodo *) malloc(sizeof(struct nodo));
5    if (p) {
6      p->dados = valor;
7      p->proximo = NULL;
8      if (*inicio == NULL)
9        *inicio = p;
10     else
11       (*fim)->proximo = p;
12     *fim = p;
13     *status = 1;
14   } else
15     *status = 0;
16 }
```

Exemplos de operações em listas:

a) Criação de lista;

b) Inserção de um nodo antes do primeiro nodo;

c) Inserção de nodo antes do nodo endereçado por k;

d) Liberação da memória ocupada pela lista;

e) Remoção do primeiro nodo;

f) Remoção do último nodo;

g) Remoção antes do nodo endereçado por k.

a) **Criação de lista**

O procedimento de criação da lista apenas atribui às variáveis *inicio (ou iniciol)* e *fim (ou fiml)* o valor nulo. Isso significa que não existe nenhum nodo criado para a lista e, portanto, estas variáveis não possuem um endereço de memória. A condição *inicio = nulo* pode ser aplicada em todos os procedimentos para verificar se a lista está vazia. Se a condição for falsa significa que a variável *inicio* contém um valor diferente de nulo, ou seja, o endereço do primeiro nodo da lista.

```
1  //Em Português Estruturado:
2  Cria_lista(ref registro nodo iniciol, ref registro nodo fiml)
3  inicio
4    iniciol = nulo
5    fiml = nulo
6  fim
```

```
1  {Em Pascal:}
2  procedure cria_lista(var inicio, fim : aponta_nodo);
3  begin
4     inicio := nil;
5     fim := nil;
6  end;
```

```
1  //Em C:
2  void cria_lista(struct nodo **inicio, struct nodo **fim)
3  {
4     *inicio = NULL;
5     *fim = NULL;
6  }
```

b) **Inserção de um nodo antes do primeiro nodo (à esquerda)**

Para criar um nodo na lista deve-se utilizar a função *Aloca*. O comando Aloca(p) aloca um nodo e atribui à variável p o endereço deste nodo.

```
1   //Em Português Estruturado:
2   insere_esquerda(ref registro nodo *iniciol, *fiml; inteiro valor, ref \
       (cont.) logico status)
3   inicio
4      registro nodo *p
5      aloca(p)
6      se (p == nulo)
7         status = falso
8      senao inicio
9            p->dados = valor
10           p->proximo = iniciol
11           se fiml = nulo
12              então fiml := p
13           iniciol = p
14           status = verdadeiro
15      fim
16  fim
```

```
1  {Em Pascal:}
2  procedure insere_esquerda(var inicio, fim : aponta_nodo; valor : integer;\
      (cont.) var status : boolean);
3  var
4     p : aponta_nodo; {utilizaremos a variável p representando um ponteiro}
5  begin
6     new(p);
7     if p = nil then {se não foi possível alocar espaço em memória}
8        status := false
```

```
9     else begin
10            p^.dados := valor;
11            p^.proximo := inicio;
12            if (fim = nil) then
13               fim := p;
14            inicio := p;
15            status := true;
16         end;
17  end;
```

```
1   //Em C:
2   void insere_esquerda (struct nodo **inicio, struct nodo **fim, int valor,\
    (cont.) int *status)
3   {
4      struct nodo *p;
5      p = (struct nodo *)malloc(sizeof(struct nodo)); //aloca memória e \
       (cont.) atribui o endereço para aux
6      if (p == NULL)
7         *status = 0;
8      else
9      {
10        p->dados = valor;
11        p->proximo = *inicio;
12        if (*fim == NULL)
13           *fim = p;
14        *inicio = p;
15        *status = 1;
16     }
17  }
```

c) **Inserção de nodo antes do nodo endereçado por k**

O procedimento que insere um nodo antes do nodo endereçado por k recebe como parâmetro o endereço do primeiro nodo da lista (inicio), o endereço de um nodo qualquer da lista (k), o valor a ser inserido na lista e a variável *status* que indica o sucesso ou não da operação de inserção. O nodo criado deve ser inserido antes do nodo k, por isso k deve ser procurado na lista. A pesquisa é feita por meio de um laço de repetição *enquanto-faça* com a seguinte condição – aux <> k. *Aux* é uma variável do tipo apontador de registro e é utilizada como auxiliar nesse processo de busca.

Inicialmente *aux* recebe o endereço do primeiro nodo da lista e, enquanto *aux* não for igual a k, a pesquisa continua avançando o ponteiro *aux* (aux = aux->proximo). A variável *ant* também é utilizada como auxiliar e ela contém o endereço do nodo anterior a aux.

Comandos   **Memória**

enquanto aux <> k ....
{percorre a lista até encontrar k}

ant->proximo = p ....

p->proximo = k ....

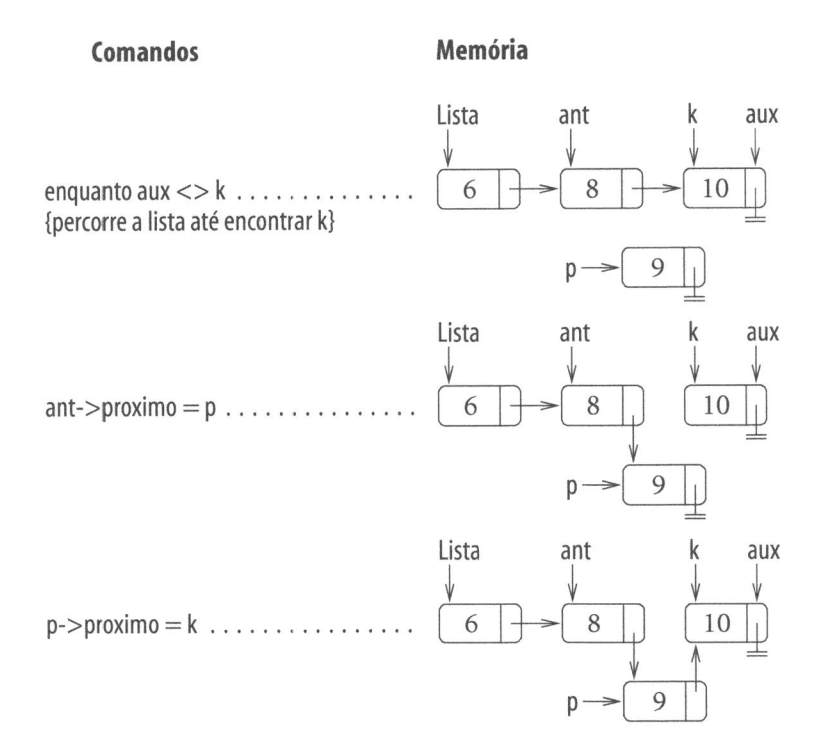

Figura 4.3 *Inserção de um nodo antes de k.*

A Figura 4.3 apresenta a seqüência de comandos que faz o encadeamento do novo nodo na lista. A lista é apresentada com a variável *ant* apontando para o nodo anterior a k e as variáveis *aux* e k apontando para o mesmo nodo. Essa seria a situação das variáveis depois da execução do comando de repetição *enquanto-faça*.

Para que o nodo criado seja encadeado à lista, deve-se atualizar o campo *proximo* deste nodo com o endereço de k e o campo *proximo* do nodo apontado por *ant* com o endereço do nodo criado.

```
1  //Em Português Estruturado:
2  insere_antes_de_k(ref registro nodo *iniciol, registro nodo *k, inteiro \
   (cont.) valor, ref logico status)
3  inicio
4      registro nodo *ant, *aux, *p
5      se (iniciol <> nulo)           //se a lista não está vazia
6      inicio //percorre a lista até achar o nodo k ou até chegar ao fim da \
       (cont.) lista.
```

```
7          aux = iniciol
8          enquanto (aux <> nulo e aux <> k)
9          inicio
10             ant = aux
11             aux = aux->proximo
12         fim
13         se (aux <> nulo)              //encontrou o k
14         inicio
15             aloca(p)
16             se (p == nulo)
17                 status = falso
18             senao inicio
19                 p->dados = valor
20                 se (k == iniciol) //se o k é o primeiro nodo da \
        (cont.) lista...
21                 inicio
22                     p->proximo = iniciol
23                     iniciol = p
24                 fim
25                 senao inicio
26                     ant->proximo = p
27                     p->proximo = k
28                 fim
29                 status = verdadeiro
30             fim
31             senao
32                 status = falso   //não existe lista
33         fim
34         senao
35             status = falso      //não existe lista
36   fim
```

```pascal
1  {Em Pascal:}
2  procedure insere_antes_de_k(var inicio : aponta_nodo; k : aponta_nodo; \
   (cont.) valor : integer; var status : boolean);
3  {Neste exemplo a lista está sendo passada por parâmetro e está \
   (cont.) representada dentro da procedure pelo parâmetro inicio, que indica o\
   (cont.) primeiro nodo da lista.}
4  var
5      ant, aux, p : aponta_nodo;
6  begin
7      aux := inicio;
8      while ((aux <> nil) and (aux <> k)) {percorre a lista até achar o nodo\
       (cont.) anterior a k ou até chegar ao final da lista.}
9      do begin
10         ant := aux;
```

```
11              aux := aux^.proximo;
12           end;
13      if aux <> nil {se achou o k}
14      then begin
15              new(p);
16              if p = nil then {se não foi possível alocar espaço em memória}
17                 status := false
18              else begin
19                    p^.dados := valor;
20                    ant^.proximo := p;
21                    p^.proximo := k;
22                    status := true;
23              end;
24         end;
25   end;
```

```
1  //Em C:
2  void insere_antes_de_k(struct nodo **inicio, struct nodo *k, int valor, \
   (cont.) int *status)
3  {
4    struct nodo *ant, *aux, *p;
5    if (*inicio) {              //Se a lista não está vazia
6      aux = *inicio;
7      while ((aux != NULL) && (aux != k)) {
8      //Percorre a lista até achar o nodo k ou até chegar ao fim da lista.
9        ant = aux;
10       aux = aux->proximo;
11     }
12     if (aux) {
13       p = (struct nodo *) malloc(sizeof(struct nodo));
14       if (p == NULL)    //Se não foi possível alocar espaço em memória
15         *status = 0;
16       else {
17         p->dados = valor;
18         if (k==*inicio) {
19           p->proximo=*inicio;
20           *inicio = p;
21           *status = 1;
22         } else {
23           ant->proximo = p;
24           p->proximo = k;
25           *status = 1;
26         }
27       } else {            //não encontrou k
28         status = 0;
29       }
```

```
30        }                           //se reservou memória para p
31     } else
32        status = 0;                 //não existe lista
33   }
```

d) **Liberação da memória ocupada pela lista (toda a lista)**

Esse procedimento é utilizado para liberar a memória alocada para armazenar todos os elementos da lista. A variável *aux* é usada como auxiliar neste processo de "caminhar" na lista encadeada. O comando *libera* serve para liberar o espaço de memória referente ao nodo, ou seja, para liberar a área de memória alocada por esse nodo.

```
1   //Em Português Estruturado:
2   libera_lista(ref registro nodo *iniciol, ref registro nodo *fiml)
3   inicio
4      registro nodo *aux
5      aux = iniciol
6      enquanto (aux <> nulo)        //enquanto não for o final da lista
7      inicio
8         iniciol = iniciol->proximo //atualiza a variável iniciol
9         libera(aux)                //libera o nodo aux
10        aux = iniciol
11     fim
12     fiml = nulo
13  fim
```

Em Pascal utiliza-se o comando *Dispose()* para liberar o espaço de memória.

```
1   {Em Pascal:}
2   procedure libera_lista(var inicio, fim : aponta_nodo);
3   var
4      aux : aponta_nodo;
5   begin
6      aux := inicio;
7      while (aux <> nil)
8      do begin
9         inicio := inicio^.proximo;
10        dispose(aux);
11        aux := inicio;
12     end;
13     fim := nil;
14  end;
```

Na linguagem C utiliza-se o comando *Free()* para liberar o espaço de memória.

```
1  //Em C:
2  void libera_lista(struct nodo **inicio, struct nodo **fim)
3  {
4     struct nodo *aux;
5     aux = *inicio;
6     while (aux) {
7        *inicio = (*inicio)->proximo;
8        free(aux);
9        aux = *inicio;
10    }
11    fim = NULL;
12 }
```

e) **Remoção do primeiro nodo (à esquerda)**

A operação de remoção permite liberar o espaço de memória referente ao nodo especificado. Neste livro as remoções serão descritas como funções que retornarão o valor que está sendo excluído da lista.

A função de remover o primeiro nodo da lista é utilizada para remover um nodo à esquerda na lista, liberando a área de memória alocada por esse nodo e atualizando o conteúdo da variável *inicio* com o endereço do primeiro nodo da lista.

Para remover o primeiro nodo da lista devemos considerar a seguinte situação:

1) lista vazia: para verificar se a lista está vazia basta testar a variável *iniciol*; se o conteúdo for igual a nulo significa que a lista está vazia.

2) Se a lista não estiver vazia o conteúdo da variável *iniciol* será o endereço de memória do primeiro nodo da lista, portanto um valor diferente de nulo.

```
1  //Em Português Estruturado:
2  remove_esquerda(ref registro nodo *iniciol, *fiml, ref logico status) : ↘
       (cont.) inteiro
3  inicio
4     registro nodo *aux
5     inteiro valor = 0
6     se (iniciol == nulo) //se a lista estiver vazia
7        status = falso
```

```
8    senao inicio
9        aux = iniciol
10       valor = aux->dados
11       iniciol = iniciol->proximo
12       se iniciol = nulo
13           entao fiml = nulo
14       libera(aux)
15       status = verdadeiro
16   fim
17   retorna valor
18 fim
```

```pascal
1  {Em Pascal:}
2  function remove_esquerda(var inicio, fim : aponta_nodo; var status : 
   (cont.) boolean) : integer;
3  var
4      p : aponta_nodo;
5      valor : integer;
6  begin
7      valor := 0;
8      if inicio = nil then {se a lista estiver vazia}
9          status := false
10     else begin
11         p := inicio;
12         valor := p^.dados;
13         inicio := inicio^.proximo;
14         if inicio = nil then
15             fim := nil;
16         dispose(p);
17         status := true;
18     end;
19     remove_esquerda := valor;
20 end;
```

```c
1  //Em C:
2  int remove_esquerda(struct nodo **inicio, struct nodo **fim, int *status)
3  {
4      struct nodo *aux;
5      int valor = 0;
6      if (*inicio == NULL)      //se a lista estiver vazia
7          *status = 0;
8      else {
9          aux = *inicio;
10         valor = aux->dados;
11         *inicio = (*inicio)->proximo;
```

```
12      if (*inicio == NULL)
13         *fim = NULL;
14      free(aux);
15      *status = 1;
16    }
17    return valor;
18  }
```

f) **Remoção do último nodo (remoção à direita)**

Para remover o último nodo da lista devemos considerar três situações:

- lista vazia: para verificar se a lista está vazia basta testar a variável *inicio*; se o conteúdo for igual a nulo significa que a lista está vazia. Se a lista não estivesse vazia o conteúdo da variável *inicio* seria o endereço de memória do primeiro nodo da lista, portanto um valor diferente de nulo;

- lista com apenas um elemento: para verificar se a lista possui apenas um elemento deve-se testar o conteúdo do campo *proximo* do primeiro nodo da lista. Se o valor desse campo for igual a nulo significa que a lista possui apenas um elemento. Se a lista possuísse mais do que um elemento, o campo *proximo* do primeiro nodo teria o endereço do segundo nodo da lista e não o valor nulo;

- lista com dois elementos ou mais: se nenhuma das situações anteriores for verdadeira significa que a lista possui dois elementos ou mais. Neste caso deve-se percorrer a lista até encontrar seu penúltimo nodo para atualizar o campo *proximo* com o valor nulo, pois o último nodo será excluído.

```
1   //Em Português Estruturado:
2   remove_direita(ref registro nodo *iniciol, *fiml, ref logico status) : \
    (cont.) inteiro
3   inicio
4      registro nodo *aux, *p
5      inteiro valor = 0
6      se (iniciol == nulo)            //se a lista estiver vazia
7         status = falso
8      senao
9         se (iniciol->proximo == nulo) //lista de um nodo só?
10        inicio
11           valor = iniciol->dados
12           libera(iniciol)
```

```
13              fiml = nulo
14              iniciol = nulo
15          fim
16          senao inicio
17              p = iniciol  //aux armazenará c nodo anterior a "p"
18              enquanto (p->proximo)
19              //percorre a lista até achar c último nodo
20              inicio
21                  aux = p
22                  p = p->proximo
23              fim
24              valor = p->dados
25              aux->proximo = nulo
26              fiml := aux;
27              libera(p)
28          fim
29          status = verdadeiro
30      fim
31      retorna valor
32  fim
```

```pascal
{Em Pascal:}
function remove_direita(var inicio, fim : aponta_nodo; var status : \
   (cont.) boolean) : integer;
var
   aux, p : aponta_nodo;
   valor : integer;
begin
   valor := 0;
   if inicio = nil then              {se a lista estiver vazia}
      status := false
   else begin
         if (inicio^.proximo = nil) {lista com apenas um nodo}
         then begin
               valor := inicio^.dados;
               dispose(inicio);
               inicio := nil;
               fim    := nil;
            end
         else begin
               p := inicio;
               aux := inicio; {aux armazenará o nodo anterior a "p"}
               while (p^.proximo <> nil) {percorre a lista até achar \
                  (cont.) o último nodo}
               do begin
                     aux := p;
```

```
24                    p := p^.proximo;
25               end;
26          valor := p^.dados;
27          aux^.proximo := nil;
28          fim := aux;
29          dispose(p);
30        end;
31        status := true;
32     end;
33   remove_direita := valor;
34 end;
```

```c
1  //Em C:
2  int remove_direita(struct nodo **inicio, struct nodo **fim, int *status)
3  {
4     struct nodo *aux, *p;
5     int valor = 0;
6     if (*inicio == NULL)        //se a lista estiver vazia
7       *status = 0;
8     else if ((*inicio)->proximo == NULL) //se a lista tiver apenas um \
   (cont.) elemento
9       {
10         valor = (*inicio)->dados;
11         free(*inicio);
12         *inicio = NULL;
13         *fim = NULL;
14      } else {
15         p = *inicio;  //aux armazenará o nodo anterior a "p"
16         while (p->proximo)
17            //Percorre a lista até achar o último nodo
18            {
19               aux = p;
20               p = p->proximo;
21            }
22         valor = p->dados;
23         aux->proximo = NULL;
24         *fim = aux;
25         free(p);
26      }
27    *status = 1;
28    return valor;
29 }
```

g) **Remoção antes do nodo endereçado por k**

A função apresentada a seguir remove o nodo anterior ao nodo endereçado por k. A variável *status* retorna o valor falso indicando que a exclusão não aconteceu em duas situações: lista vazia (inicio = nulo) e k é o endereço do primeiro nodo da lista (inicio = k). Se nenhuma das situações anteriores ocorrer, o nodo k deve ser localizado na lista para que o nodo anterior possa ser excluído.

```
1   //Em Português Estruturado:
2   remove_antes_k(ref registro nodo *iniciol, registro nodo *k, ref logico \
    (cont.) status) : inteiro
3   inicio
4      registro nodo *ant, *p
5      inteiro valor = 0
6      se (iniciol == nulo)        //se a lista estiver vazia
7         status = falso
8      senao      //se k é o primeiro nodo, não existe nodos antes dele
9         se (iniciol == k)
10           status = falso;
11        senao inicio
12           p = iniciol             //nodo anterior a k
13           enquanto (p <> nulo e p->proximo <> k) //percorre a lista \
             (cont.) até achar o nodo anterior a k ou até a lista chegar \
             (cont.) ao fim
14              inicio
15                 ant = p
16                 p = p->proximo
17              fim
18           se (p == nulo)
19              status = falso
20           senao inicio
21              valor = p->dados
22              se (iniciol == p)
23                 iniciol = k;
24              senao
25                 ant->proximo = k
26              libera(p)
27              status = verdadeiro
28           fim
29        fim
30      retorna valor
31   fim
```

```
1   {Em Pascal:}
2   function remove_antes_k(var inicio : aponta_nodo; k : aponta_nodo; var \
    (cont.) status : boolean) : integer;
3   var
4      ant, p : aponta_nodo;
```

```pascal
5       valor : integer;
6   begin
7       valor := 0;
8       if inicio = nil then     {se a lista estiver vazia}
9           status := false
10      else
11          if inicio = k then
12              status := false
13          else begin
14              p := inicio;        {nodo anterior a k}
15              ant := inicio;      {nodo anterior a p}
16              while ((p <> nil) and (p^.proximo <> k))
17              {percorre a lista até achar o nodo anterior a k}
18              do begin
19                  ant := p;
20                  p := p^.proximo;
21              end;
22              if p = nil then
23                  status := false
24              else begin
25                  valor := p^.dados;
26                  if inicio = p then
27                      inicio := k
28                  else
29                      ant^.proximo := k;
30                  dispose(p);
31                  status := true;
32              end;
33          end;
34      remocao_antes_k := valor;
35  end;
```

```c
1   //Em C:
2   int remove_antes_k(struct nodo **inicio, struct nodo *k, int *status)
3   {
4       struct nodo *ant, *p;
5       int valor = 0;
6       if (*inicio == NULL)            //se a lista estiver vazia
7           *status = 0;
8       else
9           if (*inicio == k)
10              *status = 0;
11          else {
12              p = *inicio;                    //nodo anterior a k
13              while (p && p->proximo != k)  //Percorre a lista até achar o nodo \
                (cont.) anterior a k ou até a lista chegar ao fim
```

```
14          {
15             ant = p;
16             p = p->proximo;
17          }
18       if (p == NULL)
19          status = 0;
20       else {
21          valor = p->dados;
22          if (*inicio == p)
23             *inicio = k;
24          else
25             ant->proximo = k;
26          free(p);
27          *status = 1;
28       }
29    }
30    return valor;
31 }
```

Exemplo:

Escreva um programa que leia dez valores inteiros e armazene em uma lista simplesmente encadeada. Depois remova o primeiro elemento da lista e leia um novo valor, que deve ser inserido antes do nodo que contém o maior elemento da lista (escreva uma função para descobrir o maior elemento da lista). No final, mostre todos os valores armazenados na lista e então a libere.

```
1  {Em Pascal:}
2  {Este exemplo utiliza algumas das sub-rotinas definidas anteriormente}
3  Program exemplo_listas_simples_encadeadas;
4  Const
5     Max = 10;
6  Type
7     Aponta_nodo = ^nodo;
8     Nodo = Record
9                Dados : integer;
10               Proximo : aponta_nodo;
11           end;
12
13 procedure cria_lista(var inicio, fim : aponta_nodo);
14 begin
15    inicio := nil;
16    fim := nil;
17 end;
18
```

```
19  procedure insere_esquerda(var inicio, fim : aponta_nodo; valor : integer; \
   (cont.) var status : boolean);
20  var
21     p : aponta_nodo; {utilizaremos a variável p representando um ponteiro}
22  begin
23     new(p);
24     if p = nil then  {se não foi possível alocar espaço em memória}
25        status := false
26     else begin
27           p^.dados := valor;
28           p^.proximo := inicio;
29           if (fim = nil) then
30              fim := p;
31           inicio := p;
32           status := true;
33        end;
34  end;
35
36  procedure insere_antes_de_k(var inicio : aponta_nodo; k : aponta_nodo; valor\
    (cont.) : integer; var status : boolean);
37  var
38     ant, aux, p : aponta_nodo;
39  begin
40     aux := inicio;
41     while ((aux <> nil) and (aux <> k)){percorre a lista até achar o nodo \
       (cont.) anterior a k ou até chegar no ao final da lista}
42     do begin
43           ant := aux;
44           aux := aux^.proximo;
45        end;
46     if aux <> nil {se achou o k}
47     then begin
48           new(p);
49           if p = nil then {se se não foi possível alocar espaço em memória}
50              status := false
51           else begin
52                 p^.dados := valor;
53                 ant^.proximo := p;
54                 p^.proximo := k;
55                 status := true;
56              end;
57        end;
58  end;
59
60  {Função que retorna o maior valor armazenado na lista simplesmente encadeada\
    (cont.) }
```

```pascal
61  Function Maior(inicio : aponta_nodo) : aponta_nodo;
62  Var
63     P, aux : aponta_nodo;
64     m : integer;
65  begin
66     if inicio <> nil
67     then begin
68             aux := inicio;
69             m := aux^.dados;
70             p := aux;
71             aux := aux^.proximo;
72             while aux <> nil
73             do begin
74                 if aux^.dados > m
75                 then begin
76                         m := aux^.dados;
77                         p := aux;
78                     end;
79                 aux := aux^.proximo;
80             end;
81             maior := p;
82         end
83     else maior := nil;
84  end;
85
86  {Mostra valores da lista}
87  procedure mostra_lista(inicio : aponta_nodo);
88  var
89     aux : aponta_nodo;
90  begin
91     aux := inicio;
92     writeln(' ');
93     write('Lista ==> ');
94     while aux <> nil
95     do begin
96         write(aux^.dados, ' - ');
97         aux := aux^.proximo;
98     end;
99     writeln(' ');
100 end;
101
102 procedure libera_lista(var inicio, fim : aponta_nodo);
103 var
104    aux : aponta_nodo;
105 begin
106    aux := inicio;
```

```
107     while (aux <> nil)
108     do begin
109         inicio := inicio^.proximo;
110         dispose(aux);
111         aux := inicio;
112     end;
113     fim := nil;
114 end;
115
116 function remove_esquerda(var inicio, fim : aponta_nodo; var status : boolean\
    (cont.)) : integer;
117 var
118     p : aponta_nodo;
119     valor : integer;
120 begin
121     valor := 0;
122     if inicio = nil then {se a lista estiver vazia}
123         status := false
124     else begin
125         p := inicio;
126         valor := p^.dados;
127         inicio := inicio^.proximo;
128         if inicio = nil then
129             fim := nil;
130         dispose(p);
131         status := true;
132     end;
133     remove_esquerda := valor;
134 end;
135
136 {Programa principal}
137 Var
138     ptri, ptrf : aponta_nodo;
139     Ok : boolean;
140     x, num : integer;
141 begin
142     {chama procedimento para criar a lista}
143     Cria_lista(ptri, ptrf);
144
145     {lê valores do usuário e armazena na lista}
146     for x := 1 to max
147     do begin
148         Write('Digite um valor qualquer: ');
149         Readln(num);
150         insere_esquerda(ptri, ptrf, Num, ok);
151         if ok = false then
```

```
152                    writeln('Problema na alocação de memória !!');
153            end;
154
155      {retira o primeiro nodo da lista e escreve na tela}
156      writeln('Elemento ', remove_esquerda(ptri, ptrf, ok), ' foi removido !!!'\
         (cont.) );
157
158      {lê novo valor para inserir na lista}
159      Write('Digite um valor qualquer: ');
160      Readln(num);
161
162      {insere novo elemento na lista}
163      Insere_antes_de_k(ptri, maior(ptri), num, ok);
164      if ok = false then
165          writeln('Problema na alocação de memória !!!');
166      readln;
167      mostra_lista(ptri);
168      readln;
169      libera_lista(ptri, ptrf);
170  end.
```

```c
1   //Em C:
2   #define max 10
3   struct nodo
4   {
5     int dados;
6     struct nodo *proximo;
7   };
8
9   void cria_lista(struct nodo **inicio, struct nodo **fim)
10  {
11    *inicio = NULL;
12    *fim = NULL;
13  }
14
15  void insere_esquerda(struct nodo **inicio, struct nodo **fim, int valor, int\
    (cont.) *status)
16  {
17    struct nodo *p; //utilizaremos a variável p representando um ponteiro
18    p = (struct nodo *) malloc(sizeof(struct nodo));
19    if (p == NULL)      //se não foi possível alocar espaço em memória
20      *status = 0;
21    else {
22      p->dados = valor;
23      p->proximo = *inicio;
24      if (*inicio == NULL)
```

```
25        *fim = p;
26      *inicio = p;
27      *status = 1;
28   }
29 }
30
31 void insere_antes_de_k(struct nodo **inicio, struct nodo *k, int valor, int \
   (cont.) *status)
32 {
33   struct nodo *ant, *aux, *p;
34   *status = 0;
35   if (*inicio)
36      {              //Se a lista não está vazia
37      aux = *inicio;
38      while ((aux != NULL) && (aux != k))
39         {
40         //Percorre a lista até achar o nodo k ou até chegar ao fim da \
         (cont.) lista.
41         ant = aux;
42         aux = aux->proximo;
43         }
44      if (aux)
45         {
46         p = (struct nodo *) malloc(sizeof(struct nodo));
47         if (p != NULL)
48            {
49            p->dados = valor;
50            if (k==*inicio)
51               {
52               p->proximo=*inicio;
53               *inicio = p;
54               } else
55               {
56               ant->proximo = p;
57               p->proximo = k;
58               }
59            *status = 1;
60            }
61         }
62      }
63 }
64
65 struct nodo *maior(struct nodo *inicio)
66 {
67   struct nodo *p, *aux;
68   int m;
```

```
69      if (inicio != NULL)
70        {
71          aux = inicio;
72          m = aux->dados;
73          p = aux;
74          aux = aux->proximo;
75          while (aux != NULL)
76            {
77              if (aux->dados > m)
78                {
79                  m = aux->dados;
80                  p = aux;
81                }
82              aux = aux->proximo;
83            }
84          return p;
85        }
86      else return NULL;
87    }
88
89    void mostra_lista(struct nodo *inicio)
90    {
91      struct nodo *aux;
92      aux = inicio;
93      printf("\n");
94      printf("Lista ===> ");
95      while (aux != NULL)
96        {
97          printf("%i", aux->dados, "-");
98          aux = aux->proximo;
99        }
100   }
101
102   void libera_lista(struct nodo **inicio, struct nodo **fim)
103   {
104     struct nodo *aux;
105     aux = *inicio;
106     while (aux != NULL)
107       {
108         *inicio = (*inicio)->proximo;
109         free(aux);
110         aux = *inicio;
111       }
112     *fim = NULL;
113   }
114
```

```c
int remove_esquerda(struct nodo **inicio, struct nodo **fim, int *status)
{
  struct nodo *aux;
  int valor = 0;
  if (*inicio == NULL)     //se a lista estiver vazia
    *status = 0;
  else {
    aux = *inicio;
    valor = aux->dados;
    *inicio = (*inicio)->proximo;
    if (*inicio == NULL)
      *fim = NULL;
    free(aux);
    *status = 1;
  }
  return valor;
}

int main()
{
  struct nodo *ptri, *ptrf;
  int x, num, ok;

  //chama procedimento para criar a lista.
  cria_lista(&ptri, &ptrf);

  //lê valores do usuário e armazena na lista.
  for (x = 1; x <= max; x++)
    {
      printf("Digite um valor qualquer: ");
      scanf("%i", &num); fflush(stdin);
      insere_esquerda(&ptri, &ptrf, num, &ok);
      if (ok == 0) printf("Problema na alocação de memória !!\n");
    }

  //retira o primeiro nodo da lista e escreve na tela
  printf("Elemento %i foi removido!!!\n", remove_esquerda(&ptri, &ptrf, &ok));

  //lê novo valor para inserir na lista.
  printf("Digite um valor qualquer: ");
  scanf("%i", &num); fflush(stdin);

  //insere novo elemento na lista.
  insere_antes_de_k(&ptri, maior(ptri), num, &ok);
  if (ok = 0)   printf("Problema na alocação de memória !!!\n");
```

```
160     getch();
161     mostra_lista(ptri);
162     scanf("%i", &num);
163     libera_lista(&ptri, &ptrf);
164     return 0;
165  }
```

4.2.2 Listas Encadeadas com Header

Operações com o último nodo de uma lista normalmente necessitam de um caminhamento sobre a lista (utilizando-se de uma variável auxiliar) para se encontrar o último nodo e então realizar a operação. Para facilitar a execução de operações sobre o último nodo é possível criar uma variável auxiliar *fim* que endereçaria o último nodo.

Para facilitar a gerência de informações de início e fim de uma lista, pode-se reunir as referências em uma única estrutura, chamada descritor, líder ou header da lista. O acesso aos elementos de uma lista será sempre realizado por meio de seu header. O header pode conter informações como: quantidade de nodos da lista, descrição dos dados contidos nos nodos etc.

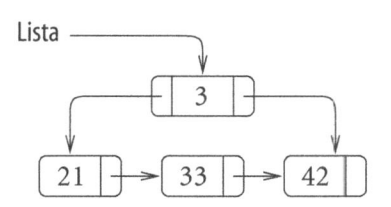

```
1   //Em Português Estruturado:
2   registro nodo
3   inicio
4      inteiro dados
5      registro nodo *proximo
6   fim
7   registro header
8   inicio
9      registro nodo *iniciol   //primeiro nodo
10     inteiro qtde             //quantidade de nodos da lista
11     registro nodo *fiml      //último nodo
12  fim
```

```
1   {Em Pascal:}
2   Type
```

```
3    Aponta_nodo    = ^nodo;
4    Nodo           = Record
5                        Dados   : integer;
6                        Proximo : aponta_nodo;
7                    end;
8    Header         = Record
9                        Inicio : aponta_nodo; {primeiro nodo}
10                       Qtde   : integer;     {quantidade de nodos da lista}
11                       Fim    : aponta_nodo; {último nodo}
12                   end;
13   Aponta_header = ^header;
```

```
1  //Em C:
2  struct nodo {
3    int dados;
4    struct nodo *proximo;
5  };
6  struct header {
7    struct nodo *inicio;  //primeiro nodo
8    int qtde;             //quantidade de nodos da lista
9    struct nodo *fim;     //último nodo
10 };
```

Operações com listas encadeadas com header

a) Criação do header

```
1   //Em Português Estruturado:
2   cria_header(ref registro nodo *lista, ref logico status)
3   inicio
4      se (lista = nulo)
5      inicio
6         aloca(lista)
7         se (lista == nulo)
8            status = falso
9         senao inicio
10              lista->iniciol = nulo
11              lista->qtde = 0
12              lista->fiml = nulo
13              status = verdadeiro
14        fim
15     fim
16     senao
17        status = falso
18  fim
```

```pascal
1  {Em Pascal:}
2  Procedure cria_header(var lista : aponta_header; var status : boolean);
3  begin
4    New(lista);
5    if lista = nil then
6        status := false
7    else begin
8          lista^.inicio := nil;
9          lista^.qtde := 0;
10         lista^.fim := nil;
11         status := true;
12       end;
13 end;
```

```c
1  //Em C:
2  void cria_header(struct header **lista, int *status)
3  {
4    struct header *l = NULL;
5    l = (struct header *) malloc(sizeof(struct header));
6    if (l == NULL)
7      *status = 0;
8    else {
9      l->inicio = NULL;
10     l->qtde = 0;
11     l->fim = NULL;
12     *status = 1;
13   }
14   *lista = l; //para retornar o endereço l pelo parâmetro lista!
15 }
```

b) Insere um valor no início da lista (à esquerda)

```
1  //Em Português Estruturado:
2  insere_esquerda(registro header *lista, inteiro valor, ref logico status)
3  inicio
4     registro nodo *p
5     aloca(p)
6     se (p == nulo)
7        status = falso
8     senao inicio
9            p->dados = valor
10           p->proximo = lista->iniciol
11           lista->iniciol = p
12           (lista->qtde)++
13           status = verdadeiro
```

```
14          se (lista->fiml == nulo) //se é o primeiro nodo inserido na  \
    (cont.) lista
15              lista->fiml = p
16          fim
17  fim
```

```
1   {Em Pascal:}
2   Procedure insere_esquerda(var lista : aponta_header; valor : integer; var \
    (cont.) status : boolean);
3   Var
4       p : aponta_nodo;
5   begin
6       New(p);
7       if p = nil then
8           status := false
9       else begin
10          p^.dados := valor;
11          p^.proximo := lista^.inicio;
12          lista^.início := p;
13          lista^.qtde := lista^.qtde + 1;
14          status := true;
15          if lista^.fim = nil then {se é o primeiro nodo inserido na  \
    (cont.) lista ...}
16              lista^.fim := p;
17          end;
18  end;
```

```
1   //Em C:
2   void insere_esquerda(struct header *lista, int valor, int *status)
3   {
4       struct nodo *p;
5       p = (struct nodo *) malloc(sizeof(struct nodo));
6       if (p == NULL)
7           *status = 0;
8       else {
9           p->dados = valor;
10          p->proximo = lista->inicio;
11          lista->inicio = p;
12          (lista->qtde)++;
13          *status = 1;
14          if (lista->fim == NULL) //Se é o primeiro nodo inserido na lista ...
15              lista->fim = p;
16      }
17  }
```

c) **Insere um valor no fim da lista (à direita)**

```
1   //Em Português Estruturado:
2   insere_direita(registro header *lista, inteiro valor, ref logico status)
3   inicio
4      registro nodo *p
5      aloca(p)
6      se (p == nulo)
7         status = falso
8      senao inicio
9            p->dados = valor
10           p->proximo = nulo
11           se (lista->iniciol == nulo)
12              lista->iniciol = p
13           senao
14              lista->fiml->proximo = p
15           lista->fiml = p
16           (lista->qtde)++
17           status = verdadeiro
18      fim
19  fim
```

```
1   //Em C:
2   void insere_direita(struct header *lista, int valor, int *status)
3   {
4     struct nodo *p;
5     p = (struct nodo *) malloc(sizeof(struct nodo));
6     if (p == NULL) status = 0;
7     else {
8       p->dados = valor;
9       p->proximo = NULL;
10      if (lista ->inicio == NULL)
11         lista ->inicio = p;
12      else
13         lista ->fim->proximo = p;
14      lista ->fim = p;
15      (lista ->qtde)++;
16      *status = 1;
17    }
18  }
```

d) **Remove o último elemento da lista (à direita)**

```
1   //Em Português Estruturado:
2   remove_direita(registro header *lista, ref logico status) : inteiro
```

```
3   inicio
4      registro nodo *aux
5      inteiro valor = 0
6      se (lista->qtde == 0)        //se a lista estiver vazia...
7         status = falso
8      senao inicio
9            valor = lista->fiml->dados
10           se (lista->qtde == 1)   //se a lista tem apenas um nodo
11              lista->iniciol = nulo
12           senao inicio
13              aux = lista->iniciol
14              enquanto (aux->proximo <> lista->fiml)
15                 aux = aux->proximo
16              aux->proximo = nulo
17           fim
18           libera(lista->fiml)
19           lista->qtde--
20           status = verdadeiro
21           se (lista->qtde == 0)    //se a lista ficou vazia ...
22              lista->fiml = nulo
23           senao
24              lista->fiml = aux
25      fim
26      retorna valor
27  fim
```

```
1  {Em Pascal:}
2  procedure remove_direita(var lista : aponta_header; var status : boolean)\
      (cont.) ;
3  var
4     p : aponta_nodo;
5  begin
6     if lista^.qtde = 0 then          {se a lista estiver vazia...}
7        status := false
8     else begin
9           if lista^.qtde = 1 then {se a lista tiver apenas um nodo}
10             lista^.início := nil
11          else begin
12             p := lista^.início;
13             while p^.proximo <> lista^.fim do
14                p := p^.proximo;
15             p^.proximo := nil;
16          end;
17          dispose(lista^.fim);
18          lista^.qtde := lista^.qtde - 1;
19          status := true;
```

```
20              if lista^.qtde = 0 then {se a lista ficou vazia ...}
21                 lista^.fim := nil
22              else
23                 lista^.fim := p;
24           end;
25     end
```

```
1  //Em C:
2  int remove_direita(struct header *lista, int *status)
3  {
4    struct nodo *aux;
5    int valor = 0;
6    if (lista->qtde == 0)    //Se a lista estiver vazia...
7      *status = 0;
8    else {
9      valor = lista->fim->dados;
10     if (lista->qtde == 1) //Se a lista tem apenas um nodo
11       lista->inicio = NULL;
12     else        {
13       aux = lista->inicio;
14       while (aux->proximo != lista->fim)
15         aux = aux->proximo;
16       aux->proximo = NULL;
17     }
18     free(lista->fim);
19     lista->qtde--;
20     *status = 1;
21     if (lista->qtde == 0) //Se a lista ficou vazia ...
22       lista->fim = NULL;
23     else
24       lista->fim = aux;
25     return valor;
26   }
27 }
```

e) **Remove o primeiro nodo da lista**

```
1  //Em Português Estruturado:
2  remove_esquerda(registro header *lista, ref logico status) : inteiro
3  inicio
4     registro nodo *aux
5     inteiro valor = 0
6     se (lista->qtde == 0)
7        status = falso
8     senao inicio
```

```
 9              valor = lista->iniciol->dados
10              se (lista->qtde == 1)
11                  lista->fiml = nulo
12              aux = lista->iniciol
13              lista->iniciol = aux->proximo
14              libera(aux)
15              lista->qtde--
16              status = verdadeiro
17          fim
18      retorna valor
19 fim
```

```c
// Em C:
int remove_esquerda(struct header *lista, int *status)
{
   struct nodo *aux;
   int valor = 0;
   if (lista->qtde == 0) *status = 0;
   else {
      valor = lista->inicio->dados;
      if (lista->qtde == 1) lista->fim = NULL;
      aux = lista->inicio;
      lista->inicio = aux->proximo;
      free(aux);
      lista->qtde--;
      *status = 1;
   }
   return valor;
}
```

Exemplo:
Escreva um programa que leia dez valores inteiros e armazene em uma lista simplesmente encadeada com header (insere no início da lista). Depois, remova o primeiro elemento da lista e leia um novo valor, que deve ser inserido antes do nodo que contém o maior elemento da lista (escreva uma função para descobrir o maior elemento da lista). No final, mostre todos os valores armazenados na lista e então a libere.

```
Program exemplo_listas_simples_encadeadas_header;
Const
   max = 10;
Type
   Aponta_nodo  = ^nodo;
```

```
6        Nodo           = Record
7                           Dados   : integer;
8                           Proximo : aponta_nodo;
9                       end;
10       Header         = record
11                          inicio  : aponta_nodo;
12                          qtde    : integer;
13                          fim     : aponta_nodo;
14                       end;
15       aponta_header = ^header;
16  Var
17       L      : aponta_header;
18       Ok     : boolean;
19       x, num : integer;
20
21  {Função que recebe uma lista encadeada e retorna o nodo que tem o maior ↘
    (cont.) elemento da lista.}
22  Function Maior(nlista : aponta_header) : aponta_nodo;
23  Var
24       p, aux : aponta_nodo;
25       m      : integer;
26  begin
27       if nlista^.qtde = 0 then
28           maior := nil
29       else begin
30              aux := nlista^.inicio;
31              m := aux^.dados;
32              p := aux;
33              aux := aux^.proximo;
34              while aux <> nil
35              do begin
36                    if aux^.dados > m
37                    then begin
38                            m := aux^.dados;
39                            p := aux;
40                         end;
41                    aux := aux^.proximo;
42                 end;
43              maior := p;
44            end;
45  end;
46
47  {Procedimento para criar uma lista simplesmente encadeada com header.}
48  procedure cria_lista(var nlista : aponta_header; var status : boolean);
49  begin
50       new(nlista);
```

```
51      if nlista = nil then
52          status := false
53      else begin
54              nlista^.inicio := nil;
55              nlista^.qtde   := 0;
56              nlista^.fim    := nil;
57              status := true;
58          end;
59  end;
60
61  {Inserção de um nodo antes do primeiro nodo na lista.}
62  procedure insere_esquerda(var nlista : aponta_header; valor : integer; var \
    (cont.) status : boolean);
63  var
64      p : aponta_nodo;
65  begin
66      new(p);
67      if p = nil then  {se não foi possível alocar espaço em memória}
68          status := false
69      else begin
70              p^.dados := valor;
71              p^.proximo := nlista^.inicio;
72              nlista^.inicio := p;
73              if nlista^.qtde = 0 then
74                  nlista^.fim := p;
75              inc(nlista^.qtde);
76              status := true;
77          end;
78  end;
79
80  {Inserção de nodo antes do nodo endereçado por k.}
81  procedure insere_antes_de_k(var nlista : aponta_header; k : aponta_nodo; \
    (cont.) valor : integer; var status : boolean);
82  var
83      aux, ant, p : aponta_nodo;
84  begin
85      new(p);
86      if p = nil then  {se não foi possível alocar espaço em memória}
87          status := false
88      else begin
89              p^.dados := valor;
90              aux := nlista^.inicio;
91              while (aux <> k) and (aux <> nil)
92                  {percorre a lista até achar o nodo anterior a k.}
93                  do begin
94                      ant := aux;
```

```
95                       aux := aux^.proximo;
96                  end;
97              if aux <> nil
98              then begin
99                    if k = nlista^.iniciol
100                   then begin
101                       p^.proximo := nlista^.inicio;
102                       nlista^.inicio := p;
103                   end
104                   else begin
105                       ant^.proximo := p;
106                       p^.proximo := k;
107                       inc(nlista^.qtde);
108                   end;
109                   status := true;
110              end;
111         end;
112  end;
113
114  {Remoção do primeiro nodo}
115  function remove_esquerda(var nlista : aponta_header; var status : boolean) :\
     (cont.) integer;
116  var
117      p     : aponta_nodo;
118      valor : integer;
119  begin
120      valor := 0;
121      if nlista^.qtde = 0 then    {se a lista estiver vazia}
122         status := false
123      else begin
124            p := nlista^.inicio;
125            valor := p^.dados;
126            nlista^.inicio := p^.proximo;
127            if nlista^.qtde = 1
128            then begin
129                    nlista^.fim := nil;
130                 end;
131            dispose(p);
132            dec(nlista^.qtde);
133            status := true;
134            remove_esquerda := valor;
135         end;
136  end;
137
138  {Remoção do último nodo}
```

```
139  function remove_direita(var nlista : aponta_header; var status : boolean) : \
     (cont.) integer;
140  var
141      aux, p : aponta_nodo;
142      valor  : integer;
143
144  begin
145      valor := 0;
146      if nlista^.qtde = 0 then        {se a lista estiver vazia}
147          status := false
148      else begin
149              if (nlista^.qtde = 1)  {lista de um nodo só?}
150                  then begin
151                          p := nlista^.inicio;
152                          valor := p^.dados;
153                          dispose(p);
154                          nlista^.inicio := nil;
155                          nlista^.fim := nil;
156                       end
157                  else begin
158                          p := nlista^.inicio;      {descobre o último nodo}
159                          aux := nlista^.inicio;    {nodo anterior a "p"}
160                          while (p^.proximo <> nil) {percorre a lista até achar o \
                              (cont.) último nodo}
161                          do begin
162                                  aux := p;
163                                  p := p^.proximo;
164                             end;
165                          valor := p^.dados;
166                          aux^.proximo := nil;
167                          nlista^.fim := aux;
168                          dispose(p);
169                       end;
170              dec(nlista^.qtde);
171              status := true;
172              remove_direita := valor;
173           end;
174  end;
175
176  {Remoção antes do nodo endereçado por k:}
177  function remove_antes_k(var nlista : aponta_header; k : aponta_nodo; var \
     (cont.) status : boolean) : integer;
178  var
179      aux, p : aponta_nodo;
180      valor  : integer;
181
```

```
182  begin
183     valor := 0;
184     if nlista^.qtde = 0 then          {se a lista estiver vazia}
185        status := false
186     else
187        if nlista^.inicio = k then
188           status := false
189        else begin
190                p := nlista^.inicio;   {nodo anterior a k}
191                aux := nlista^.inicio; {nodo anterior a p}
192                while (p^.proximo <> k) and (p <> nil) {percorre a lista até ↘
                   (cont.) achar o nodo k}
193                do begin
194                   aux := p;
195                   p := p^.proximo;
196                end;
197                if p <> nil
198                then begin
199                   valor := p^.dados;
200                   if nlista^.inicio = p then
201                      nlista^.inicio := k
202                   else
203                      aux^.proximo := k;
204                   dispose(p);
205                   dec(nlista^.qtde);
206                   status := true;
207                end;
208                remove_antes_k := valor;
209             end;
210  end;
211
212  {Mostra valores da lista.}
213  procedure mostra_lista(nlista : aponta_header);
214  var
215     aux : aponta_nodo;
216  begin
217     aux := nlista^.inicio;
218     writeln(' ');
219     write('Lista ==> ');
220     while aux <> nil
221     do begin
222        write(aux^.dados, ' - ');
223        aux := aux^.proximo;
224     end;
225     writeln(' ');
226  end;
```

```
227
228  begin
229     {chama procedimento para criar a lista.}
230     Cria_lista(L, ok);
231
232     {lê valores do usuário e armazena na lista.}
233     writeln('Inserindo valores no início da lista...');
234     for x := 1 to max
235     do begin
236           Write('Digite um valor qualquer: ');
237           Readln(num);
238           insere_esquerda(L, Num, ok);
239           if ok = false then
240              writeln('Problema na alocacao de memoria !!');
241        end;
242
243     {mostra valores armazenados na lista.}
244     mostra_lista(L);
245     readln;
246
247     {retira o primeiro nodo da lista e escreve na tela.}
248     writeln('Valor ', remove_esquerda(L, ok), ' - primeiro nodo - foi \
             (cont.) removido da lista !!!');
249     mostra_lista(L);
250     readln;
251
252     {lê novo valor para inserir na lista - valor será armazenado antes do \
             (cont.) nodo que tem o maior valor.}
253     Write('Digite um valor qualquer: ');
254     Readln(num);
255
256     {insere novo elemento na lista.}
257     Insere_antes_de_k(L, maior(L), num, ok);
258     if ok = false then
259        writeln('Problema na alocacao de memoria !!!');
260     mostra_lista(L);
261     readln;
262
263     {retira o último nodo da lista e o escreve na tela.}
264     writeln('Valor ', remove_direita(L, ok), ' - ultimo nodo - foi removido \
             (cont.) da lista !!!');
265     mostra_lista(L);
266     libera_lista(L);
267     readln;
268  end.
```

```c
//Em C:
#define 10 max
struct aponta_nodo {
  int dados;
  struct aponta_nodo *prox;
};
struct aponta_header {
  struct aponta_nodo *inicio;
  int qtde;
  struct aponta_nodo *fim;
};

//Função que recebe uma lista encadeada e retorna o nodo que tem o maior \
(cont.) elemento da lista.
aponta_nodo *maior(struct aponta_header *nlista)
{
  aponta_nodo *p = NULL, *aux;
  if (nlista->qtde == 0) return p;
  else {
    aux = nlista->inicio;
    p = aux;
    aux = aux->prox;
    while (aux != NULL)
      {
        if (aux->dados > p->dados)
          p = aux;
        aux = aux->prox;
      }
  }
}

//Procedimento para criar uma lista simplesmente encadeada com header.
void cria_lista(struct aponta_header **nlista, int *status)
{
  struct aponta_header *lista = NULL;
  lista = (struct aponta_header *) malloc(sizeof(struct aponta_header));
  if (lista == NULL)
    *status = 0;
  else {
    lista->inicio = NULL;
    lista->qtde   = 0;
    lista->fim    = NULL;
    *status = 1;
  }
  *nlista = lista;   //para retornar o endereço reservado
}
```

```c
//Inserção de um nodo antes do primeiro nodo na lista.
void insere_esquerda(struct aponta_header *nlista, int valor, int *status)
{
  struct aponta_nodo *p;
  p = (struct aponta_nodo *) malloc(sizeof(struct aponta_nodo));
  if (p == NULL)        //se não foi possível alocar espaço em memória
    *status = 0;
  else {
    p->dados = valor;
    p->prox = nlista->inicio;
    nlista->inicio = p;
    if (nlista->qtde == 0)
      nlista->fim = p;
    (nlista->qtde)++;
    *status = 1;
  }
}

//Inserção de nodo antes do nodo endereçado por k.
void insere_antes_de_k(struct aponta_header *nlista, struct aponta_nodo *k, \
                       int valor, int *status)
{
  struct aponta_nodo *aux, *ant, *p;
  p = (struct aponta_nodo *) malloc(sizeof(struct aponta_nodo));
  if (p == NULL)        //se não foi possível alocar espaço em memória
    *status = 0;
  else {
    p->dados = valor;
    aux = nlista->inicio;
    while (aux != NULL && aux != k)
      //Percorre a lista até achar o nodo anterior a k.
    {
      ant = aux;
      aux = aux->prox;
    }
    if (aux != NULL) {
      if (k == nlista->inicio) {
        p->prox = k;
        nlista->inicio = p;
      } else {
        ant->prox = p;
        p->prox = k;
      }
      (nlista->qtde)++;
      *status = 1;
```

```
91        } else { free(p); status = 0; }
92      }
93  }
94
95  //Remoção do primeiro nodo:
96  int remove_esquerda(struct aponta_header *nlista, int *status)
97  {
98      struct aponta_nodo *p;
99      int valor;
100     valor = 0;
101     if (nlista->qtde = 0)          //se a lista estiver vazia
102        *status = 0;
103     else {
104        p = nlista->inicio;
105        valor = p->dados;
106        nlista->inicio = p->prox;
107        if (nlista->qtde == 1)
108           nlista->fim = NULL;
109        free(p);
110        nlista->qtde--;
111        *status = 1;
112     }
113     return valor;
114 }
115
116 //Remoção do último nodo.
117 int remove_direita(struct aponta_header *nlista, int *status)
118 {
119     struct aponta_nodo *aux, *p;
120     int valor;
121     valor = 0;
122     if (nlista->qtde == 0)         //se a lista estiver vazia
123        *status = 0
124          else {
125            if (nlista->qtde == 1)   //lista de um nodo só?
126            {
127               p = nlista->inicio;
128               valor = p->dados;
129               free(p);
130               nlista->inicio = NULL;
131               nlista->fim = NULL;
132            }
133            else {
134               p = nlista->inicio;      //Descobre o último nodo
135               aux = nlista->inicio;    //Nodo anterior a "p"
136               while (p->prox <> NULL) //Percorre a lista até achar o último nodo
```

```
137              {
138                 aux = p;
139                 p = p->prox;
140              }
141              valor = p->dados;
142              aux->prox = NULL;
143              nlista->fim = aux;
144              free(p);
145           }
146           nlista->qtde--;
147           *status = 1;
148        }
149     return valor;
150  }
151
152  //Remoção antes do nodo endereçado por k:
153  int remove_antes_k(struct aponta_header *nlista, struct aponta_nodo *k, int \
     (cont.) *status)
154  {
155     struct aponta_nodo *aux, *p;
156     int valor;
157     valor = 0;
158     if (nlista->qtde == 0)              //se a lista estiver vazia
159        *status = 0;
160     else
161        if (nlista->inicio == k)
162           *status = 0;
163        else {
164           p = nlista->inicio;           //nodo anterior a k
165           aux = nlista->inicio;         //nodo anterior a p
166           while (p->prox != k && p != NULL)//Percorre a lista até achar o nodo k
167           {
168              aux = p;
169              p = p->prox;
170           }
171           if (p != NULL) {
172              valor := p->dados;
173              if (nlista->inicio == p)
174                 nlista->inicio = k;
175              else
176                 aux->prox = k;
177              free(p);
178              nlista->qtde--;
179              *status = 1;
180           } else *status = 0;
181        }
```

```
182    return valor;
183  }
184
185  //mostra valores da lista
186  void mostra_lista(aponta_nodo *lista)
187  {
188    aponta_nodo *aux;
189    aux = lista;
190    printf("\nLista ==> ");
191    while (aux != NULL)
192      {
193        printf("%i-", aux->dados);
194        aux = aux->prox;
195      }
196    printf("\n");
197  }
198
199  int main()
200  {
201    struct_header *L;
202    int ok, num;
203
204    //chama procedimento para criar a lista.
205    cria_lista(&L, ok);
206
207    //lê valores do usuário e armazena na lista.
208    printf("Inserindo valores no início da lista...\n");
209    for (x = 1; x <= max; x++)
210      {
211        printf("Digite um valor qualquer: ");
212        scanf("%i", &num); fflush(stdin);
213        insere_esquerda(L, num, ok);
214        if (ok == 0)
215          printf("Problema na alocacao de memoria !!\n");
216      };
217
218    //mostra valores armazenados na lista.
219    mostra_lista(L);
220    readln;
221
222    //retira o primeiro nodo da lista e escreve na tela.
223    printf("Valor %i - primeiro nodo - foi removido da lista !!!\n", ↙
           (cont.) remove_esquerda(L, ok));
224    mostra_lista(L);
225    getch();
226
```

```
227     //lê novo valor para inserir na lista - valor será armazenado antes do \
        (cont.) nodo que tem o maior valor.
228     printf("Digite um valor qualquer: ");
229     scanf("%i", &num); fflush(stdin);
230
231     //insere novo elemento na lista.
232     insere_antes_de_k(L, maior(L), num, ok);
233     if (ok == 0)
234       printf("Problema na alocacao de memoria !!!\n");
235     mostra_lista(L);
236     getch();
237
238     //retira o último nodo da lista e o escreve na tela.
239     writeln("Valor %i - ultimo nodo - foi removido da lista !!!\n", \
        (cont.) remove_direita(L, ok));
240     mostra_lista(L);
241     libera_lista(L);
242     getch();
243   }
```

4.2.3 Listas Duplamente Encadeadas

Uma lista duplamente encadeada é aquela em que cada nodo possui duas referências em vez de uma só. A primeira é usada para indicar o nodo **anterior** e a segunda serve para apontar o **próximo** nodo.

As listas duplamente encadeadas podem ou não ter header. Tudo depende da aplicação e do programador.

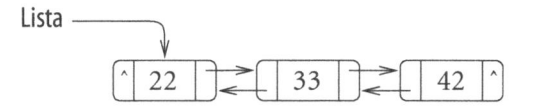

Exemplo: sem header

```
1   //Em Português Estruturado:
2   registro nodo
3   inicio
4      registro nodo *anterior
5      inteiro dados
6      registro nodo *proximo
7   fim
8   registro nodo *iniciol = nulo, *fiml = nulo;
```

```pascal
1  {Em Pascal:}
2  type
3     aponta_nodo = ^nodo;
4     nodo        = record
5                     anterior : aponta_nodo;
6                     dados    : integer;
7                     proximo  : aponta_nodo;
8                   end;
9  var
10    inicio, fim : aponta_nodo;
```

```c
1  //Em C:
2  struct nodo {
3    struct nodo *anterior;
4    int dados;
5    struct nodo *proximo;
6  };
7  struct nodo *inicio = NULL, *fim = NULL;
```

a) Inserção de um nodo antes do primeiro nodo (à esquerda) (sem header)

```
1   //Em Português Estruturado:
2   insere_esquerda(ref registro nodo *iniciol, ref registro nodo *fiml, \
    (cont.) inteiro valor, ref logico status)
3   inicio
4      registro nodo *p
5      status = falso
6      aloca(p)
7      se (p <> nulo)
8      inicio
9         p->dados = valor
10        p->anterior = nulo
11        p->proximo = iniciol
12        se (iniciol == nulo)
13           fiml = p
14        senao iniciol->anterior = p
15        iniciol = p
16        status = verdadeiro
17     fim
18  fim
```

```pascal
1  {Em Pascal:}
2  procedure insere_esquerda(var inicio : aponta_nodo; var fim : aponta_nodo\
   (cont.); valor : integer; var status : boolean);
```

```
3   var p : aponta_nodo;
4   begin
5       status := false;
6       new(p);
7       if (p <> nil)
8       then begin
9               p^.dados := valor;
10              p^.anterior := nil;
11              p^.proximo := inicio;
12              if (inicio = nil) then
13                  fim := p
14              else inicio^.anterior := p;
15              inicio := p;
16              status := true;
17          end;
18  end;
```

```
1   //Em C:
2   void insere_esquerda(struct nodo **inicio, struct nodo **fim, int valor, \
    (cont.) int *status)
3   {
4       struct nodo *p;
5       *status = 0;
6       p = (struct nodo *) malloc(sizeof(struct nodo));
7       if (p != NULL)
8         {
9           p->dados = valor;
10          p->anterior = NULL;
11          p->proximo=*inicio;
12          if (*inicio == NULL)
13              *fim = p;
14          else (*inicio)->anterior = p;
15          *inicio = p;
16          *status = 1;
17        }
18  }
```

Exemplo: com header

```
1   //Em Português Estruturado:
2   registro nodo
3   inicio
4       registro nodo *anterior
5       inteiro dados
6       registro nodo *proximo
```

```
7   fim
8   registro header
9   inicio
10     registro nodo *iniciol
11     inteiro qdte
12     registro nodo *fiml
13  fim
14  registro header *lista
```

```pascal
{Em Pascal:}
type
   aponta_nodo = ^nodo;
   nodo        = record
                    anterior : aponta_nodo;
                    dados    : integer;
                    proximo  : aponta_nodo;
                 end;
   header      = record
                    inicio : aponta_nodo;
                    qtde   : integer;
                    fim    : aponta_nodo;
                 end;
   aponta_header = ^header;
```

```c
//Em C:
struct nodo {
  struct nodo *anterior;
  int dados;
  struct nodo *proximo;
};

struct header {
  struct nodo *inicio;
  int qtde;
  struct nodo *fim;
}
```

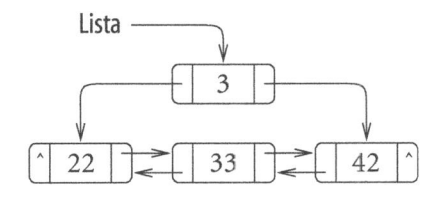

```
        Lista ──┐
                ▼
              ┌───┐
              │ 3 │
              └───┘
         ┌─────┴─────┐
         ▼           ▼
    ┌──────┐   ┌──────┐   ┌──────┐
    │^│ 22 │→ │ 33 │→ │ 42 │^│
    └──────┘ ← └──────┘ ← └──────┘
```

b) Inserção de um nodo antes do primeiro nodo (à esquerda) (com header)

```
1   //Em Português Estruturado:
2   insere_esquerda(registro header *lista, inteiro valor, ref logico status)
3   inicio
4      registro nodo *p
5      status = falso
6      se (lista <> nulo)
7      inicio
8         aloca(p)
9         se (p <> NULL)
10        inicio
11           p->dados = valor
12           p->anterior = NULL;
13           p->proximo = lista->iniciol
14           se (lista->iniciol == nulo)
15              lista->fiml = p
16           senao (lista->iniciol)->anterior = p
17           lista->iniciol = p
18           lista->qtde = lista->qtde + 1
19           status = verdadeiro
20        fim
21     fim
22  fim
```

```
1   {Em Pascal:}
2   procedure insere_esquerda(lista : aponta_header; valor : integer; var \
    (cont.) status : boolean);
3   var p : aponta_nodo;
4   begin
5      status := false;
6      if (lista <> nil)
7      then begin
8         new(p);
9         if (p <> nil)
10        then begin
11           p^.dados := valor;
12           p^.anterior := nil;
13           p^.proximo := lista^.inicio;
14           if (lista^.inicio = nil) then
15              lista^.fim := p
16           else (lista^.inicio)^.anterior := p;
17           lista^.inicio := p;
18           lista^.qtde := lista^.qtde + 1;
19           status := true;
20        end;
```

```
21          end;
22    end;
```

```c
1   //Em C:
2   void insere_esquerda(struct header *lista, int valor, int *status)
3   {
4     struct nodo *p;
5     *status = 0;
6     if (lista != NULL)
7       {
8         p = (struct nodo *) malloc(sizeof(struct nodo));
9         if (p != NULL)
10          {
11            p->dados = valor;
12            p->anterior = NULL;
13            p->proximo = lista->inicio;
14            if (lista->inicio == NULL)
15              lista->fim = p;
16            else (lista->inicio)->anterior = p;
17            lista->inicio = p;
18            lista->qtde = lista->qtde + 1;
19            *status = 1;
20          }
21       }
22  }
```

c) Insere um valor no final da lista

```
1   //Em Português Estruturado:
2   insere_direita(registro header *lista, inteiro valor, ref logico status)
3   inicio
4      registro nodo *p
5      status = falso
6      se (lista <> nulo)
7      inicio
8         aloca(p)
9         se (p <> nulo)
10        inicio
11           p->dados = valor
12           p->proximo = nulo
13           p->anterior = lista->fiml
14           se (lista->iniciol == nulo)
15              lista->iniciol = p;
16           senao (lista->fiml)->proximo = p
17           lista->fiml = p
```

```
18              lista->qtde = lista->qtde + 1
19              status = verdadeiro
20          fim
21      fim
22  fim
```

```pascal
1   {Em Pascal:}
2   procedure insere_direita(lista : aponta_header; valor : integer; var ↘
    (cont.) status : boolean);
3   var p : aponta_nodo;
4   begin
5       status := false;
6       if (lista <> nil)
7       then begin
8               new(p);
9               if (p <> nil)
10              then begin
11                      p^.dados := valor;
12                      p^.proximo := nil;
13                      p^.anterior := lista^.fim;
14                      if (lista^.inicio = nil) then
15                          lista^.inicio := p
16                      else (lista^.fim)^.proximo := p;
17                      lista^.fim := p;
18                      lista^.qtde := lista^.qtde + 1;
19                      status := true;
20                  end;
21          end;
22  end;
```

```c
1   //Em C:
2   void insere_direita(struct header *lista, int valor, int *status)
3   {
4       struct nodo *p;
5       *status = 0;
6       if (lista != NULL)
7         {
8           p = (struct nodo *) malloc(sizeof(struct nodo));
9           if (p != NULL)
10            {
11              p->dados = valor;
12              p->proximo = NULL;
13              p->anterior = lista->fim;
14              if (lista->inicio == NULL)
15                  lista->inicio = p;
```

```
16              else (lista->fim)->proximo = p;
17              lista->fim = p;
18              lista->qtde = lista->qtde + 1;
19              *status = 1;
20          }
21      }
22  }
```

d) Remove o primeiro nodo da lista

```
1   //Em Português Estruturado:
2   remove_esquerda(registro header *lista, ref logico status) : inteiro
3   inicio
4       registro nodo *aux
5       inteiro valor
6       status = falso
7       se ((lista <> nulo) e (lista->qtde > 0))
8       inicio
9           aux = lista->iniciol
10          lista->inicio = aux->proximo
11          se (lista->iniciol == nulo)
12              lista->fiml = nulo
13          senao (lista->inicio)->anterior = nulo
14          valor = aux->dados
15          libera(aux)
16          lista->qtde = lista->qtde - 1
17          status = verdadeiro
18      fim
19      retorna valor;
20  fim
```

```
1   {Em Pascal:}
2   function remove_esquerda(lista : aponta_header; var status : boolean) : \
    (cont.) integer;
3   var aux : aponta_nodo;
4       valor : integer;
5   begin
6       status := false;
7       if ((lista <> nil) and (lista^.qtde > 0))
8       then begin
9           aux := lista^.inicio;
10          lista^.inicio := aux^.proximo;
11          if (lista^.inicio = nil) then
12              lista^.fim := nil
13          else (lista^.inicio)^.anterior := nil;
```

```
14            valor := aux^.dados;
15            dispose(aux);
16            lista^.qtde := lista^.qtde - 1;
17            status := true;
18        end;
19     remove_esquerda := valor;
20  end;
```

```c
1   //Em C:
2   int remove_esquerda(struct header *lista, int *status)
3   {
4       struct nodo *aux;
5       int valor;
6       *status = 0;
7       if ((lista != NULL) && (lista->qtde > 0))
8        {
9           aux = lista->inicio;
10          lista->inicio = aux->proximo;
11          if (lista->inicio == NULL)
12              lista->fim = NULL;
13          else (lista->inicio)->anterior = NULL;
14          valor = aux->dados;
15          free(aux);
16          lista->qtde = lista->qtde - 1;
17          *status = 1;
18        }
19      return valor;
20  }
```

e) **Remove o último nodo da lista (com header)**

```
1   //Em Português Estruturado:
2   remove_direita(registro header *lista, ref logico status) : inteiro
3   inicio
4       registro nodo *aux
5       inteiro   valor
6       status = falso
7       se ((lista <> nulo) e (lista->qtde > 0))
8       inicio
9           aux = lista->fiml
10          lista->fiml = aux->anterior
11          se (lista->fiml == nulo)
12              lista->iniciol = nulo
13          senao (lista->fiml)->proximo = nulo
14          valor = aux->dados
```

```
15        libera(aux)
16        lista->qtde = lista->qtde - 1
17        status = verdadeiro
18     fim
19     retorna valor
20  fim
```

```pascal
1   {Em Pascal:}
2   function remove_direita(lista : aponta_header; var status : boolean) : \
    (cont.) integer;
3   var aux : aponta_nodo;
4       valor : integer;
5   begin
6      status := false;
7      if ((lista <> nil) and (lista^.qtde > 0))
8      then begin
9           aux := lista^.fim;
10          lista^.fim := aux^.anterior;
11          if (lista^.fim = nil) then
12              lista^.inicio := nil
13          else (lista^.fim)^.proximo := nil;
14          valor := aux^.dados;
15          dispose(aux);
16          lista^.qtde := lista^.qtde - 1;
17          status := true;
18       end;
19     remove_direita := valor;
20  end;
```

```c
1   //Em C:
2   int remove_direita(struct header *lista, int *status)
3   {
4     struct nodo *aux;
5     int valor;
6     *status = 0;
7     if ((lista != NULL) && (lista->qtde > 0))
8       {
9         aux = lista->fim;
10        lista->fim = aux->anterior;
11        if (lista->fim == NULL)
12           lista->inicio = NULL;
13        else (lista->fim)->proximo = NULL;
14        valor = aux->dados;
15        free(aux);
16        lista->qtde = lista->qtde - 1;
```

```
17        *status = 1;
18      }
19    return valor;
20  }
```

Exemplo:
Escreva um programa que leia dez valores inteiros e armazene em uma lista duplamente encadeada com header (insere no início da lista). Após, remova o primeiro elemento da lista e leia um novo valor, que deve ser inserido antes do nodo que contém o maior elemento da lista (escreva uma função para descobrir o maior elemento da lista). No final, mostre todos os valores armazenados na lista e então libere a lista.

```pascal
1   Program exemplo_listas_duplamente_encadeadas;
2   Const
3      max = 5;
4   Type
5      aponta_nodo = ^nodo;
6      nodo        = record
7                       anterior : aponta_nodo;
8                       dados    : integer;
9                       proximo  : aponta_nodo;
10                   end;
11     header = record
12                 inicio : aponta_nodo;
13                 qtde   : integer;
14                 fim    : aponta_nodo;
15              end;
16     aponta_header = ^header;
17  var
18     l     : aponta_header;
19     ok    : boolean;
20     x, num : integer;
21
22  {Procedimento para criar o header da lista.}
23  procedure cria_header(var lista : aponta_header; var status : boolean);
24  begin
25     new(lista);
26     if lista = nil then
27        status := false
28     else begin
29        lista^.inicio := nil;
30        lista^.qtde   := 0;
31        lista^.fim    := nil;
```

```
32              status := true;
33          end;
34  end;
35
36  {Inserção de um nodo antes do primeiro nodo (com header)}
37  procedure insere_esquerda(lista : aponta_header; valor : integer; var status
     (cont.) : boolean);
38  var p : aponta_nodo;
39  begin
40      status := false;
41      if (lista <> nil)
42      then begin
43              new(p);
44              if (p <> nil)
45              then begin
46                      p^.dados := valor;
47                      p^.anterior := nil;
48                      p^.proximo := lista^.inicio;
49                      if (lista^.inicio = nil) then
50                          lista^.fim := p
51                          else (lista^.inicio)^.anterior := p;
52                      lista^.inicio := p;
53                      lista^.qtde := lista^.qtde + 1;
54                      status := true;
55                   end;
56           end;
57  end;
58
59  procedure insere_direita(lista : aponta_header; valor : integer; var status
     (cont.) : boolean);
60  var p : aponta_nodo;
61  begin
62      status := false;
63      if (lista <> nil)
64      then begin
65              new(p);
66              if (p <> nil)
67              then begin
68                      p^.dados := valor;
69                      p^.proximo := nil;
70                      p^.anterior := lista^.fim;
71                      if (lista^.inicio = nil) then
72                          lista^.inicio := p
73                          else (lista^.fim)^.proximo := p;
74                      lista^.fim := p;
75                      lista^.qtde := lista^.qtde + 1;
```

```pascal
76              status := true;
77           end;
78        end;
79  end;
80
81  {Remove o último nodo da lista}
82  function remove_direita(lista : aponta_header; var status : boolean) : \
    (cont.) integer;
83  var aux : aponta_nodo;
84     valor : integer;
85  begin
86     status := false;
87     if ((lista <> nil) and (lista^.qtde > 0))
88     then begin
89           aux := lista^.fim;
90           lista^.fim := aux^.anterior;
91           if (lista^.fim = nil) then
92              lista^.inicio := nil
93           else (lista^.fim)^.proximo := nil;
94           valor := aux^.dados;
95           dispose(aux);
96           lista^.qtde := lista^.qtde - 1;
97           status := true;
98        end;
99     remove_direita := valor;
100 end;
101
102 {mostra valores da lista.}
103 procedure mostra_lista(lista : aponta_header);
104 var
105    aux : aponta_nodo;
106 begin
107    aux := lista^.inicio;
108    writeln(' ');
109    write('Lista ==> ');
110    while aux <> nil
111    do begin
112          write(aux^.dados, ' - ');
113          aux := aux^.proximo;
114       end;
115    writeln(' ');
116 end;
117
118 begin
119    {chama procedimento para criar a lista.}
120    Cria_header(l, ok);
```

```
121
122     {lê valores do usuário e armazena na lista.}
123     writeln('Inserindo valores no início da lista...');
124     for x := 1 to max
125     do begin
126         Write('Digite um valor qualquer: ');
127         Readln(num);
128         insere_esquerda(l, Num, ok);
129         if ok = false then
130             writeln('Problema na alocação de memória !!');
131     end;
132
133     {mostra valores armazenados na lista.}
134     mostra_lista(l);
135     readln     {retira o último nodo da lista e escreve na tela.}
136     writeln('Valor ', remove_direita(l. ok), ' - ultimo nodo - foi removido ↘
        (cont.) da lista !!!');
137     mostra_lista(l);
138     readln;
139
140     {lê novo valor para inserir na lista}
141     Write('Digite um valor qualquer: ');
142     Readln(num);
143
144     {insere novo elemento na lista.}
145     insere_esquerda(L, num, ok);
146     if ok = false then
147         writeln('Problema na alocacao de memoria !!!')
148     else
149         writeln('Valor ', num, ' inserido do final da lista !');
150     mostra_lista(l);
151     libera_lista(l);
152     readln;
153 end.
```

```
1  //Em C:
2  #define 5 max
3  struct aponta_nodo {
4      struct aponta_nodo *ant;
5      int dados;
6      struct aponta_nodo *prox;
7  };
8  struct aponta_header {
9      struct aponta_nodo *inicio;
10     int qtde;
11     struct aponta_nodo *fim;
```

```c
12  };
13
14  //Procedimento para criar o header.
15  void cria_header(struct header **lista)
16  {
17    *lista = (struct header *) malloc(sizeof(struct header));
18    (*lista)->inicio = NULL;
19    (*lista)->qtde = 0;
20    (*lista)->fim = NULL;
21  }
22
23  //Inserção de um nodo antes do primeiro nodo (com header)
24  void insere_esquerda(struct header *lista, int valor, int *status)
25  {
26    struct nodo *p;
27    *status = 0;
28    if (lista != NULL)
29      {
30        p = (struct nodo *) malloc(sizeof(struct nodo));
31        if (p != NULL)
32          {
33            p->dados = valor;
34            p->anterior = NULL;
35            p->proximo = lista->inicio;
36            if (lista->inicio == NULL)
37               lista->fim = p;
38            else (lista->inicio)->anterior = p;
39            lista->inicio = p;
40            lista->qtde = lista->qtde + 1;
41            *status = 1;
42          }
43      }
44  }
45
46  void insere_direita(struct header *lista, int valor, int *status)
47  {
48    struct nodo *p;
49    *status = 0;
50    if (lista != NULL)
51      {
52        p = (struct nodo *) malloc(sizeof(struct nodo));
53        if (p != NULL)
54          {
55            p->dados = valor;
56            p->proximo = NULL;
57            p->anterior = lista->fim;
```

```c
58            if (lista->inicio == NULL)
59               lista->inicio = p;
60            else (lista->fim)->proximo = p;
61            lista->fim = p;
62            lista->qtde = lista->qtde + 1;
63            *status = 1;
64          }
65      }
66  }
67
68  //Remove o último nodo da lista
69  int remove_direita(struct header *lista, int *status)
70  {
71     struct nodo *aux;
72     int valor;
73     *status = 0;
74     if ((lista != NULL) && (lista->qtde > 0))
75       {
76          aux = lista->fim;
77          lista->fim = aux->anterior;
78          if (lista->fim == NULL)
79             lista->inicio = NULL;
80          else (lista->fim)->proximo = NULL;
81          valor = aux->dados;
82          free(aux);
83          lista->qtde = lista->qtde - 1;
84          *status = 1;
85       }
86     return valor;
87  }
88
89  //mostra valores da lista.
90  mostra_lista(struct aponta_header *lista)
91  {
92     struct aponta_nodo *aux;
93     aux = lista->inicio;
94     pribtf("\nLista ==> \n");
95     while (aux != NULL)
96       {
97          printf("%i-", aux->dados);
98          aux = aux->prox;
99       }
100    printf("\n");
101 }
102
103 int main()
```

```
104  {
105    struct aponta_header *L;
106    int num, ok;
107
108    //Chama procedimento para criar a lista.
109    cria_header(&L);
110
111    //lê valores do usuário e armazena na lista.
112    printf("Inserindo valores no início da lista...\n");
113    for (x = 1; x <= max; x++)
114      {
115        printf("Digite um valor qualquer: ");
116        scanf("%i", &num); fflush(stdin);
117        insere_esquerda(L, num, ok);
118        if (ok == 0)
119          printf("Problema na alocacao de memoria !!\n");
120      }
121
122    //mostra valores armazenados na lista.
123    mostra_lista(L);
124    getch();
125
126    //retira o último nodo da lista e escreve na tela.
127    printf("Valor %i - ultimo nodo - foi removido da lista !!!\n", \
       (cont.) remove_direita(L, ok));
128    mostra_lista(L);
129    getch();
130
131    //lê novo valor para inserir na lista
132    printf("Digite um valor qualquer: ");
133    scanf("%i", &num); fflush(stdin);
134
135    //insere novo elemento na lista.
136    insere_direita(L, num, ok);
137    if (ok == 0)
138      printf("Problema na alocacao de memoria !!!\n");
139    else
140      printf("Valor %i inserido do final da lista !\n", num);
141    mostra_lista(L);
142    libera_lista(L);
143    getch();
144  }
```

Exercícios

1. Utilizando listas simplesmente encadeadas, escreva procedimento/função para:

    a) Inserir um nodo após o nodo k;

    b) Inserir um nodo antes do quinto nodo;

    c) Inserir o sétimo nodo na lista;

    d) Remover o nodo após o nodo k;

    e) Remover o nodo k;

    f) Remover o sexto nodo da lista.

2. Reescreva as sub-rotinas da questão 1, utilizando lista simplesmente encadeada com header.

3. Reescreva as sub-rotinas da questão 1, utilizando lista duplamente encadeada.

4. Crie uma função que insira um elemento no final de uma lista duplamente encadeada, com ou sem header.

5. Utilizando listas duplamente encadeadas:

    a) Remova o último nodo da lista;

    b) Insira no início da lista.

6. Escreva um programa com as seguintes características:

    a) Lê um número e uma letra dez vezes;

    b) Se o número for positivo, a letra deve ser inserida no início da lista simplesmente encadeada;

    c) Se o número for negativo, na lista simplesmente encadeada, esta letra deve ser trocada com a letra que está na penúltima posição da lista;

    d) Se o número for ímpar, inserir a letra em uma lista duplamente encadeada;

    e) Se o número for primo, inserir a letra no fim de uma lista simplesmente encadeada com descritor;

f) Se o número for zero, contar o número de ocorrências desta letra na lista simplesmente encadeada.

7. Escreva um programa que leia uma quantidade indeterminada de valores positivos. Se o valor não existir na lista, ele deve ser inserido no final; caso contrário, some mais um ao campo numero_de_repeticoes do nodo da lista que contém o valor. A lista é simplesmente encadeada com header, e cada nodo da lista possui os seguintes campos: valor, numero_de_repeticoes, proximo. A entrada de dados deve ser encerrada quando for digitado um valor zero ou negativo.

8. Faça um programa que leia duas listas duplamente encadeadas e crie uma lista que seja a intersecção das duas primeiras (utilizar passagem de parâmetro).

9. Faça um programa que leia duas listas duplamente encadeadas (L1 e L2) e crie uma lista que seja a diferença de L1 por L2 (utilizar passagem de parâmetro).

Exemplos: l1 = (2,4,5) e l2 = (3,5,6) l3 = (2,4).

Resposta:

```
{Em Pascal:}
type
   aponta_nodo = ^nodo;
   nodo = record
             anterior : aponta_nodo;
             dados : integer;
             proximo : aponta_nodo;
          end;

procedure insere_direita(var inicio : aponta_nodo; var fim : aponta_nodo; valor : integer; var status : boolean);
var p : aponta_nodo;
begin
   status := false;
   new(p);
   if (p <> nil)
   then begin
           p^.dados := valor;
           p^.proximo := nil;
           p^.anterior := fim;
           if (inicio = nil) then
```

```pascal
21              inicio := p
22           else fim^.proximo := p;
23           fim := p;
24           status := true;
25        end;
26  end;
27
28  procedure diferenca(inicio1 : aponta_nodo; inicio2 : aponta_nodo; var \
    (cont.) inicio3 : aponta_nodo; var fim3 : aponta_nodo);
29  var aux1, aux2 : aponta_nodo;
30      status, achou : boolean;
31  begin
32     aux1 := inicio1;
33     while (aux1 <> nil)
34     do begin
35           aux2 := inicio2;
36           achou := false;
37           while ((aux2 <> nil) and (achou <> true)) do
38              if (aux2^.dados = aux1^.dados) then
39                 achou := true
40              else aux2 := aux2^.proximo;
41           if (achou = false) then
42           insere_direita(inicio3, fim3, aux1^.dados, status);
43           aux1 := aux1^.proximo;
44        end;
45  end;
46
47  procedure mostra_lista(p : aponta_nodo);
48  var aux : aponta_nodo;
49  begin
50     aux := p;
51     while (aux <> nil)
52     do begin
53           writeln(aux^.dados);
54           aux := aux^.proximo;
55     end;
56  end;
57
58  var ptri1, ptrf1, ptri2, ptrf2, ptri3, ptrf3 : aponta_nodo;
59      valor : integer;
60      s : boolean;
61  begin
62     ptri1 := nil;
63     ptrf1 := nil;
64     ptri2 := nil;
65     ptrf2 := nil;
```

```pascal
66      ptri3 := nil;
67      ptrf3 := nil;
68      writeln('Lista 1');
69      repeat
70         writeln('Digite um valor');
71         readln(valor);
72         if (valor <> 0) then
73            insere_direita(ptri1, ptrf1, valor, s);
74      until (valor = 0);
75      writeln('Lista 2');
76      repeat
77         writeln('Digite um valor');
78         readln(valor);
79         if (valor <> 0) then
80            insere_direita(ptri2, ptrf2, valor, s);
81      until (valor = 0);
82      writeln('Lista Diferença');
83      diferenca(ptri1, ptri2, ptri3, ptrf3);
84      mostra_lista(ptri3);
85      writeln;
86      readln(valor);
87   end.
```

```c
1   //Em C:
2   struct nodo
3   {
4     int dados;
5     struct nodo *proximo, *anterior;
6   };
7
8   void insere_direita(struct nodo **inicio, struct nodo **fim, int valor,
    int *status)
9   {
10    struct nodo *p;
11    *status = 0;
12    p = (struct nodo *) malloc(sizeof(struct nodo));
13    if (p != NULL)
14      {
15         p->dados = valor;
16         p->proximo = NULL;
17         p->anterior=*fim;
18         if (*inicio == NULL)
19            *inicio = p;
20         else (*fim)->proximo = p;
21         *fim = p;
22         *status = 1;
```

```c
23        }
24  }
25
26  void mostra_lista(struct nodo *p)
27  {
28    struct nodo *aux;
29    aux = p;
30    while (aux != NULL)
31      {
32         printf("%i", aux->dados);
33         aux = aux->proximo;
34      }
35  }
36
37  void diferenca(struct nodo *inicio1, struct nodo *inicio2, struct nodo\
    (cont.)  **inicio3, struct nodo **fim3)
38  {
39    struct nodo *aux1, *aux2;
40    int status, achou;
41    aux1 = inicio1;
42    while (aux1 != NULL)
43      {
44         aux2 = inicio2;
45         achou = 0;
46         while ((aux2 != NULL) && (achou != 1))
47            if (aux2->dados == aux1->dados)
48               achou = 1;
49            else aux2 = aux2->proximo;
50         if (achou == 0)
51            insere_direita(inicio3, fim3, aux1->dados, &status);
52         aux1 = aux1->proximo;
53      }
54  }
55
56  int main()
57  {
58    struct nodo *ptri1, *ptrf1, *ptri2, *ptrf2, *ptri3, *ptrf3;
59    int valor, s;
60    ptri1 = NULL;
61    ptrf1 = NULL;
62    ptri2 = NULL;
63    ptrf2 = NULL;
64    ptri3 = NULL;
65    ptrf3 = NULL;
66    printf("Lista 1 \n");
67    do
```

```
68      {
69          printf("Digite um valor ");
70          scanf("%i", &valor);
71          if (valor != 0)
72              insere_direita(&ptri1, &ptrf1, valor, &s);
73      } while (valor != 0);
74
75      printf("Lista 2 \n");
76      do
77      {
78          printf("Digite um valor ");
79          scanf("%i", &valor);
80          if (valor != 0)
81              insere_direita(&ptri2, &ptrf2, valor, &s);
82      } while (valor != 0);
83      printf("Lista Diferença \n");
84      diferenca(ptri1, ptri2, &ptri3, &ptrf3);
85      mostra_lista(ptri3);
86      scanf("%i", &valor);
87  }
```

10. Escreva um procedimento que recebe duas listas como parâmetro (L1 e L2) e cria uma terceira lista que contém os valores negativos de L1 e L2.

11. Escreva um procedimento que insere os valores em uma lista com header de forma ordenada.

12. Escreva um procedimento que multiplica todos os elementos de uma lista duplamente encadeada por um valor.

13. Escreva um procedimento que recebe uma lista duplamente encadeada e troca o primeiro elemento com o último, o segundo com o penúltimo e assim sucessivamente.

14. Escreva um procedimento para inverter uma lista simplesmente encadeada.

15. Escreva um procedimento que recebe duas listas com header (LD1 e LD2) e cria uma terceira lista (LD3) com os valores negativos de LD1 e LD2.

16. Escreva um procedimento/função para uma lista duplamente encadeada que apresenta a soma de todos os valores da lista.

17. Escreva um procedimento que recebe como parâmetro duas listas duplamente encadeadas (L1 e L2) e cria uma lista L3 com os valores pares de L1 e ímpares de L2.

18. Escreva um procedimento que retira os valores repetidos de uma lista simplesmente encadeada.

19. Escreva um procedimento que compacta uma lista duplamente encadeada retirando os valores negativos e nulos.

20. Escreva um procedimento que soma o primeiro elemento com o segundo, o terceiro com o quarto e armazena o resultado em uma nova lista. Utilizar listas com header.

21. Escreva um procedimento que recebe duas listas simplesmente encadeadas L1 e L2 e troca o primeiro elemento de L1 com o último elemento de L2, o segundo elemento de L1 com o penúltimo elemento de L2, e assim sucessivamente. A troca só deve acontecer se as duas listas tiverem o mesmo número de elementos.

22. Escreva um procedimento que verifica se a lista L1 está contida em L2.

23. Escreva um procedimento que recebe como parâmetro duas listas simplesmente encadeadas (com ou sem header) L1 e L2 e cria uma lista L3 ordenada com os valores de L1 e L2 (a lista L3 não pode conter valores repetidos).

24. Faça um programa com os seguintes procedimentos para duas cadeias de caracteres armazenadas em duas listas simplesmente encadeadas (str1, str2):

    - concat(S1, S2), concatena os strings S1 e S2;
    - copy(S, index, count);

    Exemplo:
    S é uma lista que contém os seguintes valores A, B, C, D, E, F
    L = Copy(S, 2, 3);
    A lista L irá conter os seguintes valores B, C, D.

Capítulo 5
Estruturas Lineares com Disciplina de Acesso

Existem algumas estruturas de dados com critérios para inclusão e remoção de nodos. São elas:

Lifo (**L**ast **i**n **f**irst **o**ut): onde o último a entrar é o primeiro a sair. Dentre os elementos que ainda permanecem no conjunto, o primeiro elemento a ser retirado é o último que foi inserido.

Fifo (**F**irst **i**n **f**irst **o**ut): onde o primeiro a entrar é o primeiro a sair. Dentre os elementos que ainda permanecem no conjunto, o primeiro elemento a ser retirado é o primeiro que foi inserido.

Este capítulo mostra algumas destas estruturas, tais como pilhas, filas e deques.

5.1 Pilhas (Stack)

Uma pilha é uma estrutura Lifo na qual todas as inserções são feitas em apenas uma extremidade da lista: o topo. O último a ser empilhado é o primeiro a ser desempilhado. As pilhas podem ser representadas seqüencialmente ou pelo encadeamento.

Topo da pilha = último

Último da pilha = topo
Quarto da pilha
Terceiro da pilha
Segundo da pilha
Primeiro da pilha

Figura 5.1 *Exemplo de uma pilha.*

Operações: Empilhar (*push*) ou Desempilhar (*pop*)

Empilhar: significa inserir um novo elemento no topo da pilha. Exemplo: colocar um prato em uma pilha de pratos.

Desempilhar: significa remover o elemento do topo da pilha. Exemplo: retirar um prato de uma pilha de pratos. Imagine o que aconteceria se você retirasse o primeiro prato empilhado em vez do que está no topo.

5.1.1 Pilhas Seqüenciais

Nas pilhas seqüenciais é preciso saber os limites da pilha: início e fim. Não é possível retirar elementos de uma pilha vazia e também não se pode inserir mais elementos do que o tamanho máximo definido. As inserções e retiradas são realizadas no topo.

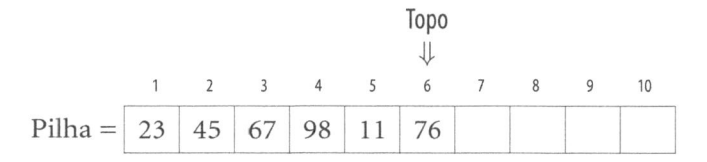

Topo
⇓

	1	2	3	4	5	6	7	8	9	10
Pilha =	23	45	67	98	11	76				

```
1   //Em Português Estruturado:
2   constante fim = 9
3   constante inicio = 0
4
5   push(ref inteiro pilha[], ref inteiro topo, inteiro valor, ref logico status
    (cont.) )
6   inicio
7      se (topo == fim)   //se topo igual ao máximo permitido
8         status = falso
9      senao inicio
10        topo++
11        pilha[topo] = valor
12        status = verdadeiro
13     fim
14  fim
15
16  pop(ref inteiro pilha[], ref inteiro topo, ref logico status) : inteiro
17  inicio
18     inteiro valor = 0
19     se (topo == inicio - 1)
20        status = falso
21     senao inicio
22        valor = pilha[topo]
```

```
23              topo--    //decrementa o topo da pilha
24              status = verdadeiro
25         fim
26     retorna valor
27 fim
```

```
1  {Em Pascal:}
2  Const
3     Inicio = 1;
4     Fim    = 10;
5  Type
6     Tipo_Pilha = array [inicio..fim] of integer;
7
8  {Empilhar}
9  procedure push(var Pilha : tipo_pilha; var Topo : integer; valor : integer; \
   (cont.) var status : boolean);
10 begin
11    if (Topo = fim) then         {se topo = máximo permitido na pilha}
12       status := false
13    else begin
14          inc(Topo);             {incrementa topo da pilha}
15          Pilha [Topo] := valor; {insere o valor no topo da pilha}
16          Status := true;
17       end;
18 end;
19
20 {Desempilhar}
21 function pop(var Pilha : tipo_pilha; var Topo : integer; var status : \
   (cont.) boolean) : integer;
22 Var
23    Valor : integer;
24 begin
25    if (Topo = inicio - 1) then {se a pilha estiver vazia}
26       status := false
27    else begin
28          valor := pilha[topo];
29          dec(Topo);             {decrementa topo da pilha}
30          Status := true;
31          Pop := valor;
32       end;
33 end;
```

```
1  //Em C:
2  #define fim 9
3  #define inicio 0
```

```
4
5  //empilhar:
6  void push(int pilha[10], int *topo, int valor, int *status)
7  {
8    if (*topo == fim)          //Se topo = máximo permitido na pilha
9      *status = 0;
10   else {
11     (*topo)++;               //Incrementa topo da pilha.
12     pilha [*topo] = valor;   //Insere o valor no topo da pilha
13     *status = 1;
14   }
15 }
16
17 //desempilhar:
18 int pop(int pilha[10], int *topo, int *status)
19 { int valor;
20   if (*topo == inicio - 1) //se a pilha estiver vazia
21     *status = 0;
22   else {
23     valor = pilha[*topo];
24     (*topo)--;               //Decrementa topo da pilha
25     *status = 1;
26   }
27   return valor;
28 }
```

5.1.2 Pilhas Encadeadas

Utilizam-se os mesmos conceitos de encadeamento, porém na pilha a inclusão e a retirada só podem ser realizadas no topo, ou seja, sempre o último nodo inserido na pilha.

```
1  //Em Português Estruturado:
2  registro tpilha
3  inicio
4     inteiro dados
5     registro tpilha *proximo
6  fim
7
8  //Empilhar:
9  push(ref registro tpilha *topo, inteiro valor, ref logico status)
10 inicio
11    registro tpilha *p
12    aloca(p)
13    se (p == nulo)
14       status = falso
```

```
15      senao inicio
16              p->dados = valor
17              p->proximo = topo
18              topo = p
19              status = verdadeiro
20          fim
21  fim
22
23  //Desempilhar:
24  pop(ref registro tpilha *topo, ref logico status) : inteiro
25  inicio
26      inteiro valor = 0
27      registro tpilha *p
28      se (topo == nulo)
29          status = falso
30      senao inicio
31              valor = topo->dados
32              p = topo
33              topo = topo->proximo
34              libera(p)
35              status = verdadeiro
36          fim
37      retorna valor
38  fim
```

```
1   {Em Pascal:}
2   Type
3       Aponta_pilha = ^Tpilha;
4       Tpilha       = Record
5                        Dados   : integer;
6                        Proximo : aponta_pilha;
7                      end;
8
9   {Empilhar:}
10  procedure push(var topo : aponta_pilha; valor : integer; var status : \
    (cont.) boolean);
11  var p : aponta_pilha;
12  begin
13    New(p);
14    if (p = nil) then
15        status := false
16    else begin
17            p^.dados := valor;
18            p^.proximo := topo;
19            topo := p;
20            status := true;
```

```
21              end;
22      end;
23
24      {Desempilhar}
25      Function pop(var topo : aponta_pilha; var status : boolean) : integer;
26      var p : aponta_pilha;
27      begin
28         if (topo = nil) then
29            status := false
30         else begin
31               valor := topo^.dados;
32               p := topo;
33               topo := p^.proximo;
34               Dispose(p);
35               status := true;
36               pop := valor;
37            end;
38      end;
```

```
1   //Em C:
2   struct tpilha {
3     int dados;
4     struct tpilha *proximo;
5   };
6
7   //Empilhar:
8   void push(struct tpilha **topo, int valor, int *status)
9   {
10    struct tpilha *p;
11    p = (struct tpilha *) malloc(sizeof(struct tpilha));
12    if (p == NULL)
13      *status = 0;
14    else {
15      p->dados = valor;
16      p->proximo = *topo;
17      *topo = p;
18      *status = 1;
19    }
20  }
21
22  //Desempilhar:
23  int pop(struct tpilha **topo, int *status)
24  {
25    int valor;
26    struct tpilha *p;
27    if (*topo == NULL)
```

```
28      *status = 0;
29    else {
30      valor = (*topo)->dados;
31      p=*topo;
32      *topo = (*topo)->proximo;
33      free(p);
34      *status = 1;
35    }
36    return valor;
37  }
```

5.2 Filas (Queue)

Lista linear do tipo Fifo na qual a retirada de elementos é realizada no começo (*head*) da lista e a inserção é feita no final (*tail*) da lista. O primeiro que entra na fila é o primeiro a sair e o último que entra é o último a sair.

Figura 5.2 *Exemplo de fila.*

5.2.1 Filas Seqüenciais

```
1  //Em Português Estruturado:
2  constante inicio = 1
3  constante fim = 10
4
5  //Inserir na Fila Seqüencial
6  enfileira(ref inteiro fila[], ref inteiro final, inteiro valor, ref logico \
       (cont.) status)
7  inicio
8    se (final == fim)        //se a fila estiver cheia
9      status = falso
10   senao inicio
```

```
11              final++              //incrementa final
12              fila[final] = valor
13              status = verdadeiro
14          fim
15      fim
16
17  //Retirar da Fila Seqüencial
18  desenfileira(ref inteiro fila[], ref inteiro comeco, inteiro final, ref ↘
    (cont.) logico status) : inteiro
19  inicio
20      se (comeco > final)
21          status = falso       //fila vazia
22      senao inicio
23              valor = fila[comeco]
24              comeco++         //incrementa começo
25              status = verdadeiro
26          fim
27      retorna valor
28  fim
```

```pascal
1  {Em Pascal:}
2  Const
3     Inicio = 1;
4     Fim    = 10;
5  Type
6     Fila : array [inicio..fim] of integer;
7
8  {Inserir na fila seqüencial}
9  Procedure Enfileira(var F : fila; var final : integer; valor : integer; var ↘
   (cont.) status : boolean);
10 begin
11    if final = fim then {se a fila estiver cheia...}
12       status := false
13    else begin
14          inc(final);         {incrementa final}
15          F[final] := valor;
16          status := true;
17       end;
18 end;
19
20 {Retirar na fila seqüencial}
21 Procedure Desenfileira(var F : fila; var começo : integer; final : integer; ↘
   (cont.) var status : boolean);
22 begin
23    if começo > final then
24       status := false
```

```
25      else begin
26              valor := F[comeco];
27              inc(comeco);      {incrementa começo}
28              status := true;
29          end;
30  end;
```

```c
1   //Em C:
2   #define inicio 0
3   #define fim 9
4
5   //Inserir na fila seqüencial
6   void enfileira(int fila[10], int *final, int valor, int *status)
7   {
8       if (final == fim) //Se a fila estiver cheia ...
9           *status = 0;
10      else {
11          *final++;         //Incrementa final
12          fila[*final] = valor;
13          *status = 1;
14      }
15  }
16
17  //Retirar da fila seqüencial
18  int desenfileira(int fila[10], int *comeco, int final, int *status)
19  {
20      if (*comeco > final)
21          *status = 0;
22      else {
23          valor = fila[*comeco];
24          (*comeco)++;      //Incrementa começo
25          *status = 1;
26      }
27  }
```

5.2.2 Filas Encadeadas

```
1   //Em Português Estruturado:
2   registro tfila
3   inicio
4       inteiro dados
5       registro tfila *proximo
6   fim
7   registro header
8   inicio
```

```
9        registro tfila *comeco
10       inteiro qtde
11       registro tfila *termino
12   fim
13
14   //Criando e iniciando a fila encadeada:
15   cria_fila(ref registro tfila *f, ref logico status)
16   inicio
17       aloca(f)
18       se (f == nulo)
19           status = falso
20       senao inicio
21               f->comeco = nulo
22               f->qtde = 0
23               f->termino = nulo
24               status = verdadeiro
25           fim
26   fim
27
28   //Inserir da fila encadeada (Enfileirar):
29   enfileira(registro header *f, inteiro valor, ref logico status)
30   inicio
31       registro tfila *aux, *p
32       aloca(p)
33       se (p == nulo)
34           status = falso
35       senao inicio
36               p->dados = valor
37               p->proximo = nulo
38               aux = f->termino
39               f->termino = p
40               se (f->comeco == nulo)
41                   f->comeco = p
42               senao
43                   aux->proximo = p
44               f->qtde++
45               status = verdadeiro
46           fim
47   fim
48
49   //Retirar da fila encadeada (Desenfileirar)
50   desenfileira(registro header *f, ref logico status) : inteiro
51   inicio
52
53   fim
```

```pascal
1   {Em Pascal:}
2   Type
3      aponta_nodo  = ^tfila;
4      tfila        = record
5                        dado    : integer;
6                        proximo : aponta_nodo;
7                     end;
8      header       = record
9                        começo,
10                       termino : aponta_nodo;
11                       qtde    : integer;
12                    end;
13     aponta_header = ^header;
14
15  {Criando e iniciando a fila encadeada}
16  procedure cria_fila(var f : aponta_header);
17  begin
18     New(f);
19     f^.comeco  := nil;
20     f^.termino := nil;
21  end;
22
23  {Inserir na fila encadeada (Enfileirar)}
24  Procedure Enfileira(var f : aponta_header; valor : integer; var status : \
    (cont.) boolean);
25  Var
26     aux, p : aponta_nodo;
27  begin
28     New(p);
29     if p = nil then
30        status := false
31     else begin
32          p^.dado    := valor;
33          p^.proximo := nil;
34          aux := f^.termino;
35          f^.termino := p;
36          if (f^.começo = nil) then {se a fila estiver vazia....}
37             f^.começo := p
38          else
39             aux^.proximo := p;
40          status := true;
41        end;
42  end;
43
44  {Retirar na fila encadeada (Desenfileirar): (Exercício)}
```

```
45  Function Desenfileira(var f : aponta_header; var status : boolean) : integer\
    (cont.) ;
46  begin
47
48  end;
```

```c
1   //Em C:
2   struct tfila {
3     int dados;
4     struct tfila *proximo;
5   };
6   struct header
7   {
8     struct tfila *comeco;
9     int qtde;
10    struct tfila *termino;
11  };
12
13  //Criando e iniciando a fila encadeada:
14  struct header *cria_fila(int *status)
15  {
16    f = (struct header *) malloc(sizeof(struct header));
17    if (f == NULL) status = 0;
18    else {
19      f->comeco = NULL;
20      f->qtde = 0;
21      f->termino = NULL;
22      *status = 1;
23    }
24    return f;
25  }
26
27  //Inserir na fila encadeada (Enfileirar):
28  void enfileira(struct header *f, int valor, int *status)
29  {
30    struct tfila *aux, *p;
31    p = (struct tfila *) malloc(sizeof(struct tfila));
32    if (p == NULL) *status = 0;
33    else {
34      p->dados = valor;
35      p->proximo = NULL;
36      aux = f->termino;
37      f->termino = p;
38      if (f->comeco == NULL)
39        f->comeco = p;
40      else
```

```
41        aux->proximo = p;
42        f->qtde++;
43        *status = 1;
44    }
45  }
46
47  //Retirar na fila encadeada (Desenfileirar): Exercício
48  int desenfileira(struct header *f, int *status)
49  {
50
51  }
```

5.3 Deque ("Double-Ended Queue")

Lista linear na qual inserções, retiradas e consultas podem ser realizadas em ambas as extremidades. O deque também é conhecido como "um tipo especial de fila", pois apresenta as mesmas operações de fila, além de permitir a inserção no começo e a retirada no término.

Operações:

- inserção no começo;

- inserção no término (idem a fila);

- retirada no começo (idem a fila);

- retirada no término;

- consulta no começo (idem a fila);

- consulta no término.

5.3.1 Deque Seqüencial

```
1  //Em Português Estruturado:
2  //Inserir no começo do Deque seqüencial
3  insere_comeco(ref    inteiro d[], ineiro valor, inteiro comeco, ref logico \
        (cont.) status)
4  inicio
5     se (comeco == min)
6        status = falso
7     senao inicio
```

```
8              comeco-- //decrementa começo
9              d[comeco] = valor
10             status = verdadeiro
11         fim
12  fim
```

```
1   {Em Pascal:}
2   {Inserir no começo do deque seqüencial:}
3   Procedure insere_comeco(var D : deque; valor : integer; var comeco : integer\
    (cont.); var status : boolean);
4   begin
5      if comeco = min then
6         status := false
7      else begin
8            dec(comeco); {decrementa começo}
9            D[comeco] := valor;
10           Status := true;
11        end;
12  end;
```

```
1   //Em C:
2   void insere_comeco(int D[ ], int comeco, int valor, int *status) {
3      if (comeco == min) *status = 0;
4      else {
5        comeco--;   // Decrementa começo
6        D[comeco] = valor;
7        *status = 1;
8      }
9   }
```

Capítulo 6
Lista/Fila Circular

Lista cujas extremidades estão ligadas. Existem também as filas circulares, que servem para a reutilização dos espaços em que elementos foram retirados da fila.

6.1 Lista Circular Seqüencial

Para inserir, retirar ou consultar uma fila circular são necessárias três variáveis: começo (que indica o começo da fila), término (que indica o último elemento inserido na fila) e a quantidade de elementos. Também devem ser definidos o tamanho mínimo e o tamanho máximo da fila. A fila torna-se circular porque as extremidades de começo e término se encontram, evitando espaços em branco na fila.

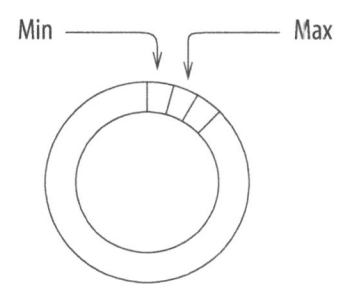

Figura 6.1 *Exemplo de lista circular.*

```
1  //Em Português Estruturado:
2  constante max = 10
3  constante min = 1
4  iniciar(ref inteiro comeco, ref inteiro termino, ref inteiro qtde)
5  inicio
6     comeco = min
7     termino = min - 1
8     qtde = 0
9  fim
```

```
10
11  insere(ref inteiro f[], ref inteiro comeco, ref inteiro termino, ref inteiro \
    (cont.) qtde, inteiro valor, ref logico status)
12  inicio
13     se (qtde == max)
14        status = falso              //fila cheia
15     senao inicio
16              termino = (termino mod max) + 1
17              f[termino] = valor
18              qtde++                //incrementa qtde
19              status = verdadeiro
20           fim
21  fim
22
23  remove(ref inteiro f[], ref inteiro comeco, ref inteiro termino, ref \
    (cont.) inteiro qtde, ref logico status) : inteiro
24  inicio
25     inteiro valor = 0
26     se (qtde == 0)                 //não tem elemento a remover
27        status = falso
28     senao inicio
29              valor = f[comeco]
30              comeco = (comeco mod max) + 1
31              qtde--                //decrementa qtde
32              status = verdadeiro
33           fim
34     retorna valor
35  fim
36
37  consulta(ref inteiro f[], inteiro comeco, inteiro qtde, ref logico status) :\
    (cont.) inteiro
38  inicio
39     inteiro valor
40     se (qtde == 0)
41        status = falso              //fila vazia
42     senao inicio
43              valor = f[comeco]
44              status = verdadeiro
45           fim
46     retorna valor
47  fim
```

```
1  {Em Pascal:}
2  Procedure Iniciar;
3  begin
4     Começo := min;
```

```
5       Termino := min - 1;
6       Qtde := 0;
7     end;
8
9     Procedure insere(var F : fila; var qtde : integer; valor : integer; var \
      (cont.) status : boolean);
10    begin
11      if (qtde = max) then     {fila cheia...}
12         status := false
13      else begin
14            Termino := (termino mod Max) + 1;
15            F[termino] := valor;
16            Inc(qtde);              {incrementa quantidade}
17            Status := true;
18         end;
19    end;
20
21    Function Remove(var F : fila; var int comeco; var qtde : integer; var status\
      (cont.) : boolean) : integer;
22    begin
23      if qtde = 0 then
24         status := false
25      else begin
26            Valor := F[comeco];
27            comeco := comeco mod Max + 1;
28            dec(qtde);       {decrementa quantidade}
29            status := true;
30            remove := valor;
31         end;
32    end;
33
34    Function Consulta(var F : fila; qtde, comeco : integer; var status : boolean\
      (cont.)) : integer;
35    begin
36      if qtde = 0 then       {se fila vazia...}
37         status := false
38      else begin
39            Valor := F[comeco];
40            Status := true;
41            Consulta := valor;
42         end;
43    end;
```

```
1  //Em C:
2  #define 10 max
3  #define 1 min
```

```
void iniciar(int *comeco, int *termino, int *qtde)
{
  *comeco = min;
  *termino = min - 1;
  *qtde = 0;
}

void insere(int F[ ], int *comeco, int *termino, int *qtde, int valor, int *\
(cont.) status)
{
  if (*qtde == max)    //Fila cheia...
    *status = 0;
  else  {
    *termino = (*termino % max) + 1;
    F[*termino] = valor;
    *qtde++;            //Incrementa quantidade.
    *status = 1;
  }
}

int remove(int F[ ], int *comeco, int *termino, int *qtde, int *status)
{
  int valor = 0;
  if (*qtde == 0)
    *status = 0
    else     {
       valor = F[*comeco];
       *comeco = (*comeco % max) + 1;
       *qtde--;         //Decrementa quantidade
       *status = 1;
    }
  return valor;
}

int consulta(int F[ ], int comeco, int qtde, int *status)
{
  int valor;
  if (qtde == 0)       //Se fila vazia...
    *status = 0;
  else  {
    valor = F[comeco];
    *status = 1;
  }
  return valor;
}
```

6.2 Lista Circular Encadeada

A lista ou fila circular encadeada tem as mesmas características da seqüencial, porém necessita de apontadores. Nesse tipo de estrutura não podemos utilizar condições de ponteiro ou campo *prox* igual a nulo para testar o fim de lista, pois o campo *prox* do último elemento da lista aponta para o primeiro. O exemplo abaixo mostra uma lista circular simplesmente encadeada com p apontando para o último elemento inserido. Para conseguir o endereço do primeiro elemento da lista basta utilizar o campo *prox*. Por exemplo, inicio = p->prox.

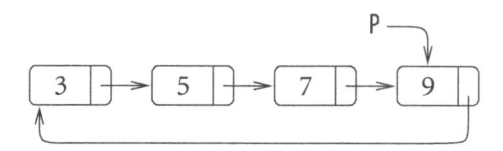

```
1   //Em Português Estruturado:
2   registro nodo
3   inicio
4       inteiro valor
5       registro nodo *prox
6   fim
7   insere_depois_ultimo_nodo(ref registro nodo *p, inteiro v)
8   inicio
9       registro nodo *aux
10      aloca(aux)
11      se (aux <> nulo)
12      inicio
13          aux->valor = v;
14          se (p == nulo) //se a lista estiver vazia
15          inicio
16              p = aux;
17              p->prox = p;
18          fim
19          senao inicio           //se a lista tiver um elemento ou mais
20              aux->prox = p->prox  //o campo prox do nodo criado aponta para\
                 (cont.) o primeiro nodo
21              p->prox = aux       //o campo prox do último agora aponta \
                 (cont.) para o nodo criado
22              p = aux;             //aux é o último elemento da lista
23          fim
24      fim
25  fim
```

```
26
27  //Remove o primeiro elemento da lista circular
28  inteiro remove_primeiro_nodo(ref registro nodo *p)
29  inicio
30     registro nodo *aux
31     inteiro v
32     se (p <> nulo)
33     inicio
34        aux = p->prox
35        se (p->prox == p)
36        inicio
37           v = p->valor
38           libera(p)
39           p = nulo
40        fim
41        senao inicio
42              aux = p->prox
43              v = aux->valor
44              p->prox = aux->prox
45              libera(aux)
46            fim
47     fim
48     retorna v
49  fim
50
51  libera_lista(ref registro nodo *p)
52  inicio
53     registro nodo *aux, *l
54     se (p <> nulo) //este teste é necessário caso a lista esteja vazia
55     inicio
56        aux = p->prox
57        enquanto (aux <> p)
58        inicio
59           l = aux
60           aux = aux->prox
61           libera(l)
62        fim
63        libera(p)
64        p = nulo
65     fim
66  fim
```

```
1  {Em Pascal:}
2  ptrnodo = ^nodo;
3  nodo = record
4             valor : integer;
```

```pascal
5              prox   : ptrnodo;
6       end;
7
8  procedure insere_depois_ultimo_nodo(var p : ptrnodo; v : integer);
9  var aux : ptrnodo;
10 begin
11    new(aux);
12    if (aux <> nil)
13    then begin
14           aux^.valor := v;
15           if (p = nil)
16           then begin
17                  p := aux;
18                  p^.prox := p;
19                end
20           else begin
21                  aux^.prox := p^.prox;
22                  p^.prox := aux;
23                  p := aux;
24                end;
25         end;
26 end;
27
28 {Remove o primeiro elemento da lista circular}
29 function remove_primeiro_nodo(var p : ptrnodo) : integer;
30 var aux : ptrnodo;
31     v   : integer;
32 begin
33    if (p <> nil)
34    then begin
35           aux := p^.prox;
36           if (p^.prox = p)
37           then begin
38                  v := p^.valor;
39                  dispose(p);
40                  p := nil;
41                end
42           else begin
43                  aux := p^.prox;
44                  v := aux^.valor;
45                  p^.prox := aux^.prox;
46                  dispose(aux);
47                end;
48         end;
49    remove_primeiro_nodo := v;
50 end;
```

```c
//Em C:
struct nodo
{
   int valor;
   struct nodo *prox;
};

void insere_depois_ultimo_nodo(struct nodo **p, int v)
{
   struct nodo *aux;
   aux = (struct nodo *) malloc(sizeof(struct nodo));
   if (aux != NULL)
      {
         aux->valor = v;
         if (*p == NULL) //Se a lista estiver vazia
            {
               *p = aux;
               (*p)->prox = *p;
            }
         else //Se a lista tiver um elemento ou mais
            {
               aux->prox = (*p)->prox;   //o campo prox do nodo criado
                                         //aponta para o primeiro nodo
               (*p)->prox = aux;         //o campo prox do último agora aponta
                                         //para o nodo criado
               (*p) = aux;               //aux é o último elemento da lista
            }
      }
}

//Remove o primeiro elemento da lista circular
int remove_primeiro_nodo(struct nodo **p)
{
   struct nodo *aux;
   int v;
   if (*p != NULL)
      {
         aux = (*p)->prox;
         if ((*p)->prox==*p)
            {
               v = (*p)->valor;
               free(*p);
               *p = NULL;
            }
         else
            {
```

```
47          aux = (*p)->prox;
48          v = aux->valor;
49          (*p)->prox = aux->prox;
50          free(aux);
51       }
52    }
53    return v;
54 }
55
56 void libera_lista(struct nodo **p)
57 {
58    struct nodo *aux, *l;
59    if (*p != NULL) //Este teste é necessário caso a lista esteja vazia
60    {
61       aux = (*p)->prox;
62       while (aux != *p)
63       {
64          l = aux;
65          aux = aux->prox;
66          free(l);
67       }
68       free(*p);
69       *p = NULL;
70    }
71 }
```

Capítulo 7

Grafos

Grafos são a última estrutura a ser analisada na disciplina estrutura de dados. Um grafo G é constituído por um conjunto V de vértices e por um conjunto de arcos que representam conexões entre os vértices.

G = (V, A)

Vértices podem ser representados por símbolos, tais como números ou palavras, enquanto os arcos são formados por um par de vértices. Existem dois tipos de grafos: dirigidos ou não dirigidos.

Não dirigidos: são aqueles em que os arcos indicam sempre uma conexão dupla.

Dirigidos: são aqueles grafos nos quais os arcos indicam o sentido da conexão, fazendo que ela seja simples e orientada.

Exemplo: O grafo G pode ser representado graficamente, sendo os arcos denotados por setas orientadas do primeiro para o segundo nó do respectivo par ordenado.

V = {1, 2, 3, 4}
A = {(1,2), (2,1), (2,4), (3,2), (4,1), (4,3), (4,4) }

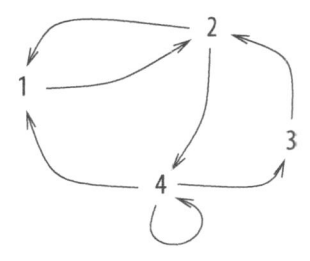

Figura 7.1 *Grafo G.*

7.1 Conceitos

- Adjacência: vértices ligados por arcos são chamados *adjacentes*. No grafo G da Figura 7.1, o vértice 2 tem como adjacentes os vértices 1 e 4. Pode-se dizer também que, no arco (1,2), 1 é o vértice de **origem** e 2 é o vértice de **destino**.

- Grau de entrada (GE): é dado pelo número de arcos que chegam a determinado vértice. No exemplo mostrado anteriormente, têm-se os seguintes graus de entrada:

    GE (1) = 2   GE (2) = 2
    GE (3) = 1   GE (4) = 2

- Grau de saída (GS): é o número de vértices adjacentes a determinado vértice.

    GS (1) = 1   GS (2) = 2
    GS (3) = 1   GS (4) = 3

- Caminho: um caminho é definido como uma seqüência de um ou mais arcos em que o segundo vértice coincide com o primeiro do seguinte, permitindo a partir de um vértice x atingir um vértice y.

    Circuito (ciclo): quando x = y, ou seja, o vértice inicial é igual ao vértice final. No exemplo tem-se um circuito unindo os vértices 1 e 2.

    Laço: circuito de apenas um vértice. Pode-se ver um laço no exemplo, no vértice 4.

- Subgrafo: é um subconjunto de vértices de determinado grafo, juntamente com todos os arcos cujas duas extremidades são vértices desse subconjunto. Para representar um subgrafo utiliza-se a definição: S = (V', A'). Ainda utilizando os grafos do exemplo, ao escolher o conjunto V' = {2, 3, 4}, pode-se definir o subgrafo: A' = {(2,4), (3,2), (4,3), (4,4)}.

- Grafo parcial: é formado pelo mesmo conjunto de vértices e por um subconjunto de arcos de determinado grafo. O exemplo a seguir mostra um grafo parcial P do grafo original G.

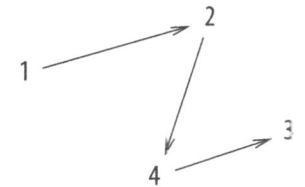

Figura 7.2 *Grafo parcial P.*

- Grafo conexo: quando há pelo menos um vértice a partir do qual se pode alcançar qualquer outro vértice. O grafo do exemplo não é conexo, pois nenhum vértice permite alcançar todos os outros vértices.

- Grafo fortemente conexo: quando a partir de qualquer vértice se pode alcançar qualquer outro vértice.

- Grafo acíclico: é um grafo sem circuitos (ciclos). O grafo P do exemplo é acíclico.

- Redes: é um grafo com dois vértices especiais: fonte (de onde todos os demais vértices são atingidos) e destino (também chamado de *sorvedouro*, do qual não parte nenhum arco). A Figura 7.3 representa uma rede.

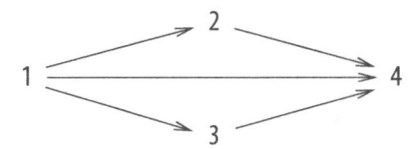

Figura 7.3 *Exemplo de rede.*

Neste grafo o vértice 1 é o vértice fonte e o vértice 3 é o destino. Este sempre possui grau de saída (GS) igual a 0.

7.2 Como Representar Grafos?

- Matriz de Adjacência

Podemos utilizar uma matriz quadrada booleana $M(1..n, 1..n)$ onde N indica o número de vértices do grafo a ser representado. M é preenchida com valores *true* sempre que o vértice j for adjacente a um vértice i e *false* quando um vértice j não é adjacente a um vértice i. Essa representação não é recomendada quando o grafo tiver um grande número de vértices.

Exemplo: Dados V = {1, 2, 3, 4, 5, 6, 7} e A = {(1,2), (3,2), (2,4), (4,3), (4,5), (5,5), (5,6), (6,7)}

	1	2	3	4	5	6	7
1	F	T	F	F	F	F	F
2	F	F	F	T	F	F	F
3	F	T	F	F	F	F	F
4	F	F	T	F	T	F	F
5	F	F	F	F	T	T	F
6	F	F	F	F	F	F	T
7	F	F	F	F	F	F	F

- Matriz de Incidência

Nesta representação as linhas da matriz são representadas pelos vértices e as colunas pelos arcos. Os arcos devem ser indicados por -1 na origem e +1 no destino.

Exemplo: Dados V = {1, 2, 3, 4, 5, 6, 7} e A = {(1,2), (3,2), (2,4), (4,3), (4,5), (5,5), (5,6), (6,7)}

	1	2	3	4	5	6	7	8
1	-1							
2	+1	+1	-1					
3		-1		+1				
4			+1	-1	-1			
5					+1	-1	-1	
6							+1	-1
7								+1

- Lista de Adjacência

    Essa representação é uma lista de lista, onde a primeira lista indica os vértices e, para cada vértice, uma segunda lista indica seus adjacentes.

    Exemplo: Dados V = {1, 2, 3, 4, 5, 6, 7} e A = {(1,2), (3,2), (2,4), (4,3), (4,5), (5,5), (5,6), (6,7)}

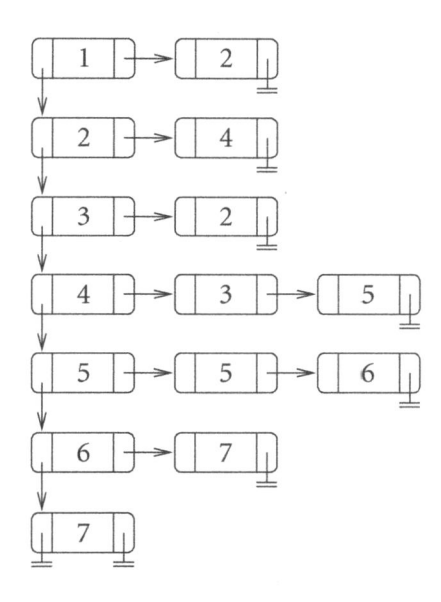

7.2.1 Declaração do Grafo Representado por Lista de Adjacência

```
1   //Em Português Estruturado:
2   registro adjacente
3   inicio
4       registro adjacente *prox
5       inteiro a
6   fim                 //lista de adjacentes
7   registro vertice
8   inicio
9       registro vertice    *proxv
10      inteiro v
11      registro adjacente *proxa
12  fim                 //lista de vértices
13  registro vertice *grafo;
```

```pascal
{Em Pascal:}
type
   Vertice   = ^NodoV;
   Adjacente = ^NodoA;
   NodoV     = Record
                  v     : integer;
                  proxv : Vertice;    {próximo vértice}
                  proxa : Adjacente;  {próximo adjacente}
               end;
   NodoA = Record
               a : integer;           {próximo adjacente}
               prox    : Adjacente;
           end;
var
   grafo : vertice;
```

```c
//Em C:
struct adjacente {
  struct adjacente *prox;
  int a;
}; //lista de adjacentes
struct vertice {
  struct vertice *proxv;
  int v;
  struct adjacente *proxa;
}; //lista de vértices
struct vertice *grafo;
```

7.2.2 Implementação dos Procedimentos Conecta e Desconecta Utilizando Representação de Grafos por Lista de Adjacência

A seguir serão apresentados os procedimentos conecta e desconecta. Para conectar dois vértices quaisquer v1 e v2, é necessário primeiro percorrer a lista de vértices procurando por v1. Se v1 for encontrado na lista de vértices, deve-se percorrer a lista de adjacentes a v1 procurando por v2. Se v2 não existir na lista de vértices adjacentes, ele deve ser inserido.

Caso v1 não exista na lista de vértices, ele deve ser inserido e depois deve-se inserir v2 na lista de adjacentes a v1.

```
//Em Português Estruturado:
//Aloca um nodo do tipo vértice
aloca_vertice(inteiro v) : vertice
inicio
   registro vertice *novo
```

```
6       aloca(novo)
7       novo->v = v              //atribui o vértice origem para v
8       novo->proxv = nulo
9       novo->proxa = nulo
10      retorna novo
11  fim
12
13  //Aloca um nodo do tipo adjacente
14  aloca_adjacente(inteiro a) : adjacente
15  inicio
16      registro adjacente *novo;
17      aloca(novo)
18      novo->a = a              //atribui o vértice adjacente para a
19      novo->prox = nulo
20      retorna novo
21  fim
22
23  conecta(ref registro vertice *grafo, inteiro v1, inteiro v2)
24  inicio
25      registro vertice *aux, *novo_v, *ant
26      registro adjacente *aux_a, *novo_a, *ant_a
27      se (grafo == nulo)       //se o grafo está vazio
28      inicio
29          grafo = aloca_vertice(v1) //cria um nodo do tipo vértice e atribui o \
               (cont.) endereço do nodo criado para *grafo
30          novo_a = aloca_adjacente(v2) //cria um nodo do tipo adjacente e \
               (cont.) atribui o endereço do nodo criado para novo_a
31          grafo->proxa = novo_a //conecta o nodo adjacente ao nodo vértice
32      fim
33      senao inicio
34          aux = *grafo
35          //pesquisa na lista de vértices até encontrar o vértice v1
36          enquanto (aux e (aux->v <> v1))
37          inicio
38              ant = aux;
39              aux = aux->proxv;
40          fim
41          se (aux == nulo) //se não encontrou o vértice na lista de \
               (cont.) vértices
42          inicio
43              novo_v = aloca_vertice(v1)    //aloca vértice
44              novo_a = aloca_adjacente(v2)  //aloca adjacente
45              ant->proxv = novo_v //conecta o vértice criado ao final da \
               (cont.) lista de vértices
46              novo_v->proxa = novo_a //conecta o vértice adjacente ao \
               (cont.) vértice v1
```

```
47              fim
48              senao inicio //se encontrou o vértice na lista de vértices
49                   se (aux->proxa == nulo)  //se o vértice não possui \
                     (cont.) nenhum adjacente
50                   inicio
51                       novo_a = aloca_adjacente(v2) //aloca adjacente
52                       aux->proxa = novo_a //conecta o nodo criado ao \
                         (cont.) vértice V1
53                   fim
54                   senao inicio //se o vértice já possui algum adjacente
55                       aux_a = aux->proxa
56                       //verifica se v2 já existe na lista de \
                         (cont.) adjacentes de v1
57                       enquanto (aux_a e (aux_a->a <> v2))
58                       inicio
59                           ant_a = aux_a
60                           aux_a = aux_a->prox
61                       fim
62                       //se v2 não aparece na lista de adjacentes de \
                         (cont.) v1
63                       se (aux_a == nulo)
64                       inicio
65                           novo_a = aloca_adjacente(v2) //aloca nodo \
                             (cont.) adjacente
66                           ant_a->prox = novo_a //ant_a aponta para o \
                             (cont.) último nodo da lista de adjacentes.
67                           //conecta o nodo adjacente no final da \
                             (cont.) lista de adjacentes de v1
68                       fim
69                   fim
70              fim
71         fim
72   fim
73
74   desconecta(registro vertice *grafo, inteiro v1, inteiro v2)
75   inicio
76       registro vertice *aux
77       registro adjacente *aux_a, *ant_a
78       se (grafo <> nulo) //se o grafo não estiver vazio
79       inicio
80           aux = grafo
81           enquanto ((aux <> nulo) e (aux->v <> v1)) //procura v1 na lista de \
                 (cont.) vértices
82           aux = aux->proxv //aux aponta para o próximo nodo na lista de vértices
83           se (aux <> nulo) //se encontrou v1 na lista de vértices
84           inicio
```

```
85          aux_a = aux->proxa
86          enquanto (aux_a e (aux_a->a <> v2)) //procura v2 na lista de \
   (cont.) adjacentes
87          inicio
88             ant_a = aux_a
89             aux_a = aux_a->prox //aux_a aponta para o próximo nodo na lista \
   (cont.) de adjacentes
90          fim
91          se (aux_a <> nulo) //Se encontrou v2 na lista de adjacentes
92          inicio
93             se (aux->proxa == aux_a) //se v2 é o primeiro elemento da lista \
   (cont.) de adjacentes
94                aux->proxa = aux_a->prox //atualiza o campo proxa para o \
   (cont.) endereço do próximo nodo na lista adj.
95             senao ant_a->prox = aux_a->prox //o campo prox do nodo anterior \
   (cont.) a v2 aponta para o próximo nodo
96                libera(aux_a)
97          fim
98       fim
99    fim
100 fim
```

```pascal
1  {Em Pascal:}
2  {Aloca um nodo do tipo vértice}
3  function aloca_vertice(v : integer) : vertice;
4  var  novo : vertice;
5  begin
6     new(novo);
7     novo^.v := v;                {atribui o vértice origem para v}
8     novo^.proxv := nil;
9     novo^.proxa := nil;
10    aloca_vertice := novo;
11 end;
12
13 {Aloca um nodo do tipo adjacente}
14 function aloca_adjacente(a : integer) : adjacente;
15 var novo : adjacente;
16 begin
17    new(novo);
18    novo^.a := a;                {atribui o vértice adjacente para a}
19    novo^.prox := nil;
20    aloca_adjacente := novo;
21 end;
22
23 procedure conecta(var grafo : vertice; v1 : integer; v2 : integer);
24 var aux, novo_v, ant       : Vertice;
```

```
25        aux_a, novo_a, ant_a : Adjacente;
26
27   begin
28        if (grafo = nil)                    {se o grafo está vazio}
29        then begin
30                grafo := aloca_vertice(v1); {cria um nodo do tipo vértice e ↘
          (cont.) atribui o endereço do nodo criado para *grafo}
31                novo_a := aloca_adjacente(v2);
32                {cria um nodo do tipo adjacente e atribui o endereço do nodo ↘
          (cont.) criado para novo_a}
33                grafo^.proxa := novo_a;
34                {conecta o nodo adjacente ao nodo vértice}
35             end
36        else begin
37                aux := grafo;
38                {pesquisa na lista de vértices até encontrar o vértice v1}
39                while ((aux <> nil) and (aux^.v <> v1))
40                do begin
41                      ant := aux;
42                      aux := aux^.proxv;
43                   end;
44                if (aux = nil)
45                {se não encontrou o vértice na lista de vértices}
46                then begin
47                      novo_v := aloca_vertice(v1);    {aloca vértice}
48                      novo_a := aloca_adjacente(v2);  {aloca adjacente}
49                      ant^.proxv := novo_v;
50                      {conecta o vértice criado ao final da lista de vértices}
51                      novo_v^.proxa := novo_a;
52                      {conecta o vértice adjacente ao vértice v1}
53                     end
54                else begin {se encontrou o vértice na lista de vértices}
55                      if (aux^.proxa = nil)
56                      {se o vértice não possui nenhum adjacente}
57                      then begin
58                            novo_a := aloca_adjacente(v2); {Aloca adjacente}
59                            aux^.proxa := novo_a;
60                            {conecta o nodo criado ao vértice v1}
61                           end
62                      else begin {Se o vértice já possui algum adjacente}
63                            aux_a := aux^.proxa;
64                            {verifica se v2 já existe na lista de adjacentes ↘
                      (cont.) de v1}
65                            while ((aux_a <> nil) and (aux_a^.a <> v2))
66                            do begin
67                                  ant_a := aux_a;
```

```
68                              aux_a := aux_a^.prox;
69                          end;
70                          {se v2 não aparece na lista de adjacentes de v1}
71                          if (aux_a = nil)
72                          then begin
73                                  novo_a := aloca_adjacente(v2);
74                                  {aloca nodo adjacente}
75                                  ant_a^.prox := novo_a; {ant_a aponta para \
                                        (cont.) o último nodo da lista de adjacentes \
                                        (cont.) }
76                                  {conecta o nodo adjacente no final da \
                                        (cont.) lista de adjacentes de v1}
77                          end;
78                      end;
79                  end;
80          end;
81  end;
82
83  procedure desconecta(grafo : vertice; v1 : integer; v2 : integer);
84  var aux           : vertice;
85      aux_a, ant_a : adjacente;
86  begin
87      if (grafo <> nil) {se o grafo não estiver vazio}
88      then begin
89              aux := grafo;
90              while ((aux <> nil) and (aux^.v <> v1)) do {procura v1 na lista \
                    (cont.) de vértices}
91                  aux := aux^.proxv; {aux aponta para o próximo nodo na lista de\
                        (cont.) vértices}
92              if (aux <> nil) {se encontro v1 na lista de vértices}
93              then begin
94                      aux_a := aux^.proxa;
95                      while ((aux_a <> nil) and (aux_a^.a <> v2)) {procura v2 \
                            (cont.) na lista de adjacentes}
96                      do begin
97                          ant_a := aux_a;
98                          aux_a := aux_a^.prox; {aux_a aponta para o próximo \
                                (cont.) nodo na lista de adjacentes}
99                      end;
100                     if (aux_a <> nil) {se encontrou v2 na lista de adjacentes\
                            (cont.) }
101                     then begin
102                             if (aux^.proxa = aux_a) then {se v2 é o primeiro \
                                    (cont.) elemento da lista de adjacentes}
103                                 aux^.proxa := aux_a^.prox {atualiza o campo \
```

```
                              (cont.) proxa para o endereço do próximo nodo na \
                              (cont.) lista adjacentes}
104                           else ant_a^.prox := aux_a^.prox; {o campo prox do\
                              (cont.) nodo anterior a v2 aponta para o próximo \
                              (cont.) nodo}
105                           dispose(aux_a);
106                         end;
107                     end;
108             end;
109     end;
```

```c
1   //Em C:
2   //Aloca um nodo do tipo vértice
3   struct vertice *aloca_vertice(int v)
4   {
5     struct vertice *novo;
6     novo = (struct vertice *) malloc(sizeof(struct vertice));
7     novo->v = v;           //Atribui o vértice origem para v
8     novo->proxv = NULL;
9     novo->proxa = NULL;
10    return novo;
11  }
12
13  //Aloca um nodo do tipo adjacente
14  struct adjacente *aloca_adjacente(int a)
15  {
16    struct adjacente *novo;
17    novo = (struct adjacente *) malloc(sizeof(struct adjacente));
18    novo->a = a;           //Atribui o vértice adjacente para a
19    novo->prox = NULL;
20    return novo;
21  }
22  void conecta(struct vertice **grafo, int v1, int v2)
23  {
24    struct vertice *aux, *novo_v, *ant;
25    struct adjacente *aux_a, *novo_a, *ant_a;
26    if (*grafo == NULL) //Se o grafo está vazio
27
28      {
29        *grafo = aloca_vertice(v1);   //cria um nodo do tipo vértice e atribui\
            (cont.) o endereço do nodo criado para *grafo
30        novo_a = aloca_adjacente(v2); //cria um nodo do tipo adjacente e \
            (cont.) atribui o endereço do nodo criado para novo_a
31        (*grafo)->proxa = novo_a;
32        //conecta o nodo adjacente ao nodo vértice
33      }
```

```
34    else {
35      aux = *grafo;
36      //Pesquisa na lista de vértices até encontrar o vértice v1
37      while (aux && (aux->v != v1))
38        {
39          ant = aux;
40          aux = aux->proxv;
41        }
42      if (aux == NULL)
43        //Se não encontrou o vértice na lista de vértices
44        {
45          novo_v = aloca_vertice(v1);          //Aloca vértice
46          novo_a = aloca_adjacente(v2);        //Aloca adjacente
47          ant->proxv = novo_v;
48          //Conecta o vértice criado ao final da lista de vértices
49          novo_v->proxa = novo_a;
50          //Conecta o vértice adjacente ao vértice v1
51        }
52      else  //Se encontrou o vértice na lista de vértices
53        {
54          if (aux->proxa == NULL)
55            //Se o vértice não possui nenhum adjacente
56            {
57              novo_a = aloca_adjacente(v2);    //Aloca adjacente
58              aux->proxa = novo_a;
59              //Conecta o nodo criado ao vértice v1
60            }
61          else  //Se o vértice já possui algum adjacente
62            {
63              aux_a = aux->proxa;
64              //Verifica se v2 já existe na lista de adjacentes de v1
65              while (aux_a && (aux_a->a != v2))
66                {
67                  ant_a = aux_a;
68                  aux_a = aux_a->prox;
69                }
70              //Se v2 não aparece na lista de adjacentes de v1
71              if (aux_a == NULL)
72                {
73                  novo_a = aloca_adjacente(v2);  //Aloca nodo adjacente
74                  ant_a->prox = novo_a;
75                  //ant_a aponta para o último nodo da lista de adjacentes
76                  //Conecta o nodo adjacente no final da lista de adjacentes \
                     (cont.) de v1
77                }
78            }
```

```
79        }
80     }
81  }
82  void desconecta(struct vertice *grafo, int v1, int v2)
83  {
84     struct vertice *aux;
85     struct adjacente *aux_a, *ant_a;
86     if (grafo != NULL) //Se o grafo não estiver vazio
87     {
88        aux = grafo;
89        while ((aux != NULL) && (aux->v != v1))
90           //Procura v1 na lista de vértices
91           aux = aux->proxv; //aux aponta para o próximo nodo na lista de \
              (cont.) vértices
92        if (aux != NULL)
93           //Se encontro v1 na lista de vértices
94        {
95           aux_a = aux->proxa;
96           while (aux_a && (aux_a->a != v2))
97              //Procura v2 na lista de adjacentes
98           {
99              ant_a = aux_a;
100             aux_a = aux_a->prox;
101             //aux_a aponta para o próximo nodo na lista de adjacentes
102          }
103          if (aux_a != NULL) //Se encontrou v2 na lista de adjacentes
104          {
105             if (aux->proxa == aux_a) //Se v2 é o primeiro elemento da \
                 (cont.) lista de adjacentes
106                aux->proxa = aux_a->prox; //atualiza o campo proxa para o \
                    (cont.) endereço do próximo nodo na lista de adjacentes
107             else ant_a->prox = aux_a->prox; //o campo prox do nodo \
                    (cont.) anterior a v2 aponta para o próximo nodo
108             free(aux_a);
109          }
110       }
111    }
112 }
```

7.3 Como Percorrer Grafos?

É possível percorrer um grafo, ou seja, caminhar no grafo. Inicia-se sempre por um determinado vértice. Existem dois tipos de percursos: em Amplitude ou em

Profundidade. Esses dois métodos permitem a visitação de um mesmo número de vértices, mas em ordem diferente.

7.3.1 Percurso em Amplitude (Breadth First Search — BFS)

1) Visite o vértice I;

2) Marque i no vetor ou lista de visitados;

3) Coloque i na fila F;

4) Enquanto a fila F não estiver vazia:

   a) Desenfileire (F);
   b) Para cada vértice j adjacente a X
      i. visite o vértice J
      ii. marque j como visitado
      iii. coloque j na fila F

7.3.2 Percurso em Profundidade (Depth First Search — DFS)

Método que permite visitar os vértices em camadas verticais, a partir do vértice inicial.

Algoritmo DFS (grafo, vetor, vértice inicial)

1) Visite o vértice I;

2) Marque I no vetor ou na lista de visitados;

3) Para cada vértice J adjacente a I ainda não visitado:

   a) Acione o algoritmo DFS (grafo, vetor, vértice)

7.3.3 Encontrar um Caminho entre Dois Vértices

A função *acha_caminho* necessita de uma estrutura para armazenar os vértices visitados. Além disso, utiliza outras funções de apoio que manipulam essa estrutura: uma função que inclui um vértice na lista de visitados (inclui_visitados); uma função que exclui um vértice da lista de visitados, caso o caminho testado não seja efetivado (exclui_visitados); além da função *visitado* que testa se um determinado vértice está na lista de visitados.

As estruturas registro *vertice* e registro *arco* são as mesmas utilizadas pelos procedimentos conecta e desconecta, apresentados anteriormente.

```
1   //Em Português Estruturado:
2   Acha_caminho(inteiro v1, inteiro v2) : logico
3   inicio
4       registro vertice *aux
5       registro arco *auxh, *adj
6       inteiro c = 0, i
7       aux = grafo
8       enquanto (aux->dados <> v1)
9           aux = aux->proxv
10      se (aux == nulo) retorna falso
11      inclui_visitados(v1)
12      adj = aux->proxa
13      enquanto (adj <> nulo)
14      inicio
15          auxh = adj
16          enquanto (auxh <> nulo)
17          inicio
18              enquanto (visitado(auxh->dados) == verdadeiro)
19                  auxh = auxh->prox
20              se (auxh == nulo) retorna falso
21              inclui_visitados(auxh->dados)
22              c = c + 1               //contador de visitados
23              se (auxh->dados == v2) retorna verdadeiro
24              aux = grafo
25              enquanto (auxv->dados <> auxh->dados)
26                  aux = aux->dados
27              se (aux <> nulo) auxh = aux->proxa
28              senao retorna falso
29          fim
30          para (i = 0; i < c, i++)
31              exclui_visitados()
32          c = 0
33          adj = adj->prox
34      fim
35  fim
```

Exercícios

Dado o grafo:
V = {1, 2, 3, 4, 5, 6}
A = {(1,3), (1,4), (2,3), (2,4), (3,5), (4,4), (4,5), (5,6)}

1. Responda:

    1.1 O grafo é conexo?

1.2 O grafo é rede?

1.3 O grafo é acíclico?

2. GE (3) =

    GE (5) =

    GS (6) =

    GS (4) =

3. Represente o grafo com matriz de adjacência.

4. Represente o grafo com matriz de incidência.

5. Represente o grafo com lista de adjacência.

6. Escreva um procedimento conecta, que representa a lista de adjacência representada na questão 5.

7. Escreva a função desconecta.

8. Escreva a função adjacente que recebe o grafo, o vértice origem, o vértice destino por parâmetro, retornando *true* se o vd for adjacente ao vo ou *false*, caso contrário.

Considerações Finais

Este livro apresentou os conceitos de estruturas de dados e os principais algoritmos para manipulação destas estruturas. Os procedimentos foram escritos em português estruturado, C e Pascal, com o objetivo de possibilitar ao leitor um aprendizado utilizando a linguagem que achar mais conveniente. Por meio dos diversos tipos de estruturas de dados apresentados é possível escolher a estrutura mais adequada para uma determinada aplicação, considerando facilidade de manipulação e ocupação de memória. Não só a quantidade de memória utilizada pelos programas é importante, mas a forma como ela é utilizada. Um programa que, além de não desperdiçar memória, prioriza o acesso rápido à informação, bem como a flexibilidade quanto à quantidade de memória necessária é, com certeza, um programa que necessitará de menos manutenção. Os exercícios apresentados neste livro também são uma fonte importante de estudo e aprendizado. Alguns exercícios foram elaborados com respostas, o que permite ao leitor comparar suas soluções com as apresentadas neste livro.

Ressaltamos o fato de não termos a intenção de impor nossa lógica, mas de demonstrar uma forma de implementação dos conceitos aqui apresentados! Esperamos que tenha sido uma boa ferramenta de estudo!

Fabiana, Patrícia e Tanisi.

Bibliografia

DROZDEK, Adam. *Estruturas de dados e algoritmos em C++*. Tradução Luiz Sergio de Castro Paiva. São Paulo: Pioneira Thomson Learning, 2002.

LOPES, Arthur V. *Estruturas de dados para a construção de software*. Volume I – Nível básico. Canoas: Ulbra, 1999.

PREISS, Bruno. *Estruturas de dados e algoritmos*. Rio de Janeiro: Campus, 2000.

TENENBAUM, Aaron M. *Estruturas de dados usando C*. São Paulo: Makron Books, 1995.

VELOSO, Paulo; SANTOS, Clésio; AZEREDO, Paulo e FURTADO, Antonio. *Estrutura de dados*. Rio de Janeiro: Campus, 1986.

Apêndice A

Exercícios em Código Pascal

A.1 Exercícios de Listas Simplesmente Encadeadas

Neste item alguns exercícios de listas simplesmente encadeadas têm duas soluções. A primeira solução é para listas com dois ponteiros, um ponteiro para o início da lista e outro para o fim da lista. A segunda solução é empregada em listas com apenas um ponteiro para o início da lista. Os exercícios utilizam a seguinte declaração de struct:

```pascal
1  ptrnodo = ^nodo;
2  nodo = record
3          valor : integer;
4          prox  : ptrnodo;
5      end;
```

1.1 Faça um procedimento que insira um valor antes do último valor da lista.

```pascal
1   procedure insere_antes_ultimo(var inicio : ptrnodo; v : integer);
2   var aux, novo, ant : ptrnodo;
3   begin
4       if (inicio <> nil)
5       then begin
6               new(novo);
7               if (novo <> nil)
8               then begin
9                       novo^.valor := v;
10                      if (inicio^.prox = nil)
11                      then begin
12                              novo^.prox := inicio;
13                              inicio := novo;
14                          end
15                      else begin
16                              aux := inicio;
17                              while (aux^.prox <> nil)
18                              do begin
```

```
19                          ant := aux;
20                          aux := aux^.prox;
21                        end;
22                        ant^.prox := novo;
23                        novo^.prox := aux;
24                      end;
25                end;
26          end;
27 end;
```

1.2 Faça um procedimento que receba dois valores v1 e v2. Se v1 aparecer na lista, insira v2 depois de v1 (lista duplamente encadeada).

```
 1  procedure inserev1_v2(inicio : ptrnodo; var fim : ptrnodo; v1 : integer\
    (cont.); v2 : integer);
 2  var novo, p : ptrnodo;
 3      achou    : integer;
 4
 5  begin
 6      achou := 0;
 7      p := inicio;
 8      while ((p <> nil) and (achou = 0))
 9      do begin
10          if (p^.valor = v1) then
11              achou := 1
12          else
13              p := p^.prox;
14      end;
15      if (achou = 1)
16      then begin
17          new(novo);
18          if (novo <> nil)
19          then begin
20              novo^.valor := v2;
21              novo^.prox := p^.prox;
22              p^.prox := novo;
23              if (p = fim) then
24                  fim := novo;
25          end;
26      end;
27  end;
28
29  {Apenas ponteiro de início da lista}
30  procedure inserev1_v2(inicio : ptrnodo; v1 : integer; v2 : integer);
31  var novo, p : ptrnodo;
```

```pascal
32      achou   : integer;
33
34  begin
35      achou := 0;
36      p := inicio;
37      while ((p <> nil) and (achou = 0))
38      do begin
39          if (p^.valor = v1) then
40              achou := 1
41          else
42              p := p^.prox;
43      end;
44      if (achou = 1)
45      then begin
46          new(novo);
47          if (novo <> nil)
48          then begin
49              novo^.valor := v2;
50              novo^.prox := p^.prox;
51              p^.prox := novo;
52          end;
53      end;
54  end;
```

1.3 Faça um procedimento que exclua o maior elemento da lista.

```pascal
1   procedure exclui_maior(var inicio : ptrnodo; var fim : ptrnodo; var ↘
    (cont.) maior : integer; var status : integer);
2   var aux, ant, a_maior, emaior : ptrnodo;
3
4   begin
5       status := 0;
6       if (inicio <> nil)
7       then begin
8           maior := (inicio)^.valor;
9           emaior := inicio;
10          aux := inicio;
11          while (aux <> nil)
12          do begin
13              if (aux^.valor > maior)
14              then begin
15                  maior := aux^.valor;
16                  a_maior := ant;
17                  emaior := aux;
18              end;
```

```
19                    ant := aux;
20                    aux := aux^.prox;
21               end;
22          if (emaior = inicio) then
23               inicio := (inicio)^.prox
24          else begin
25                    a_maior^.prox := emaior^.prox;
26                    if (emaior = fim) then
27                         fim := a_maior;
28               end;
29          dispose(emaior);
30          status := 1;
31     end;
32 end;
33
34 {Utilizando apenas ponteiro de início da lista}
35 procedure exclui_maior(var inicio : ptrnodo; var maior : integer; var \
  (cont.) status : integer);
36 var aux, ant, a_maior, emaior : ptrnodo;
37
38 begin
39     status := 0;
40     if (inicio <> nil)
41     then begin
42          maior := (inicio)^.valor;
43          emaior := inicio;
44          aux := inicio;
45          while (aux <> nil)
46          do begin
47               if (aux^.valor > maior)
48               then begin
49                    maior := aux^.valor;
50                    a_maior := ant;
51                    emaior := aux;
52               end;
53               ant := aux;
54               aux := aux^.prox;
55          end;
56          if (emaior = inicio) then
57               inicio := (inicio)^.prox
58          else
59               a_maior^.prox := emaior^.prox;
60          dispose(emaior);
61          status := 1;
62     end;
63 end;
```

1.4 Faça um procedimento que insira um valor depois do primeiro elemento de uma lista simplesmente encadeada.

```
1   procedure insere_depois_prim(inicio : ptrnodo; var fim : ptrnodo; v : \
    (cont.) integer; var status : integer);
2   var novo : ptrnodo;
3   begin
4       status := 0;
5       if (inicio <> nil)
6       then begin
7               new(novo);
8               if (novo <> nil)
9               then begin
10                      novo^.valor := v;
11                      novo^.prox := inicio^.prox;
12                      if (inicio^.prox <> nil) then
13                          (inicio^.prox)^.ant := novo
14                      else fim := novo;
15                      inicio^.prox := novo;
16                      novo^.ant := inicio;
17                      status := 1;
18                  end;
19          end;
20  end;
21
22  {Utilizando apenas um ponteiro para o início da lista}
23  procedure insere_depois_prim(inicio : ptrnodo; v : integer; var status \
    (cont.) : integer);
24  var novo : ptrnodo;
25  begin
26      status := 0;
27      if (inicio <> nil)
28      then begin
29              new(novo);
30              if (novo <> nil)
31              then begin
32                      novo^.valor := v;
33                      novo^.prox := inicio^.prox;
34                      if (inicio^.prox <> nil) then
35                          (inicio^.prox)^.ant := novo;
36                      inicio^.prox := novo;
37                      novo^.ant := inicio;
38                      status := 1;
39                  end;
40          end;
41  end;
```

A.2 Exercícios de Listas Duplamente Encadeadas

Neste item alguns exercícios de listas duplamente encadeadas apresentam duas soluções. A primeira solução é para listas com dois ponteiros, um ponteiro para o início da lista e outro para o fim da lista. A segunda solução é empregada em listas com apenas um ponteiro para o início da lista. Os exercícios utilizam a seguinte declaração de struct:

```
type
ptrnodo = ^nodo;
nodo = record
         valor      : integer;
         ant, prox : ptrnodo;
       end;
```

2.1 Faça um procedimento que exclua um valor da lista.

```
procedure exclui_valor(var inicio : ptrnodo; var fim : ptrnodo; v : 
                      integer; var status : integer);
var p, aux : ptrnodo;

begin
   status := 0;
   aux := inicio;
   while (aux <> nil)
   do begin
         if (aux^.valor = v)
         then begin
                 if (aux = inicio)
                 then begin
                         inicio := (inicio)^.prox;
                         if (inicio = nil) then
                            fim := nil
                         else (inicio)^.ant := nil;
                         dispose(aux);
                         aux := inicio;
                      end
                 else begin
                         p^.prox := aux^.prox;
                         if (aux^.prox <> nil) then
                            (aux^.prox)^.ant := p
                         else fim := p;
```

```pascal
25                        dispose(aux);
26                        aux := p^.prox;
27                     end;
28              end
29           else begin
30                     p := aux;
31                     aux := aux^.prox;
32              end;
33       end;
34   end;
35
36   {Utilizando apenas um ponteiro para o início da lista}
37   procedure exclui_valor(var inicio : ptrnodo; v : integer; var status : \
     (cont.) integer);
38   var p, aux : ptrnodo;
39
40   begin
41      status := 0;
42      aux := inicio;
43      while (aux <> nil)
44      do begin
45           if (aux^.valor = v)
46           then begin
47                 if (aux = inicio)
48                 then begin
49                       inicio := (inicio)^.prox;
50                       if (inicio <> nil) then
51                          inicio^.ant := nil;
52                       dispose(aux);
53                       aux := inicio;
54                 end
55                 else begin
56                       p^.prox := aux^.prox;
57                       if (aux^.prox <> nil) then
58                          (aux^.prox)^.ant := p;
59                       dispose(aux);
60                       aux := p^.prox;
61                 end;
62              end
63           else begin
64                 p := aux;
65                 aux := aux^.prox;
66              end;
67       end;
68   end;
```

2.2 Faça um procedimento que exclua o menor elemento da lista.

```
1   procedure exclui_menor(var inicio : ptrnodo; var fim : ptrnodo; var \
    (cont.) menor : integer; var status : integer);
2   var aux, ant, a_menor, emenor : ptrnodo;
3   begin
4      status := 0;
5      if (inicio <> nil)
6      then begin
7            menor := (inicio)^.valor;
8            emenor := inicio;
9            aux := inicio;
10           while (aux <> nil)
11           do begin
12                if (aux^.valor < menor)
13                then begin
14                      menor := aux^.valor;
15                      a_menor := ant;
16                      emenor := aux;
17                   end;
18                ant := aux;
19                aux := aux^.prox;
20           end;
21           if (emenor = inicio)
22           then begin
23                 inicio := inicio^.prox;
24                 if (inicio <> nil) then
25                    inicio^.ant := nil
26                 else fim := nil;
27              end
28           else begin
29                 a_menor^.prox := emenor^.prox;
30                 if (emenor^.prox <> nil) then
31                    (emenor^.prox)^.ant := a_menor
32                 else fim := a_menor;
33              end;
34           dispose(emenor);
35           status := 1;
36       end;
37  end;
38
39  {Utilizando apenas um ponteiro para o início da lista}
40  procedure exclui_menor(var inicio : ptrnodo; var menor : integer; var \
    (cont.) status : integer);
41  var aux, ant, a_menor, emenor : ptrnodo;
```

```
42  begin
43      status := 0;
44      if (inicio <> nil)
45      then begin
46              menor := (inicio)^.valor;
47              emenor := inicio;
48              aux := inicio;
49              while (aux <> nil)
50              do begin
51                  if (aux^.valor < menor)
52                  then begin
53                          menor := aux^.valor;
54                          a_menor := ant;
55                          emenor := aux;
56                      end;
57                  ant := aux;
58                  aux := aux^.prox;
59              end;
60              if (emenor = inicio)
61              then begin
62                      inicio := inicio^.prox;
63                      if (inicio <> nil) then
64                          inicio^.ant := nil;
65                  end
66              else begin
67                      a_menor^.prox := emenor^.prox;
68                      if (emenor^.prox <> nil) then
69                          (emenor^.prox)^.ant := a_menor;
70                  end;
71              dispose(emenor);
72              status := 1;
73          end;
74  end;
```

A.3 Exercícios de Listas Simplesmente Encadeadas com Header

Os exercícios a seguir utilizam a seguinte declaração para nodo e header da lista:

```
1  type
2  ptrnodo = ^nodo;
3  nodo = record
4           valor : integer;
5           prox  : ptrnodo;
6       end;
```

```
7   ptrheader = ^header;
8   header = record
9              qtde        : integer;
10             inicio, fim : ptrnodo;
11         end;
12
13  procedure cria_header(var h : ptrheader; var status : integer);
14  begin
15      if (h = nil)
16      then begin
17             {Aloca memória para o descritor}
18             new(h);
19             if (h <> nil)
20             then begin
21                    h^.inicio := nil;  {inicializa o campo início do descritor
                      (cont.) com nil}
22                    h^.qtde := 0;     {inicializa o campo qtde com 0}
23                    h^.fim := nil;    {inicializa o campo fim com nil}
24                    status := 1;
25                  end
26             else status := 0;
27         end;
28  end;
```

3.1 Faça um procedimento que receba dois valores v1 e v2. Se v1 aparecer na lista, insira v2 depois de v1 (lista duplamente encadeada).

```
1   procedure inserev1_v2(h : ptrheader; v1 : integer; v2 : integer);
2   var novo, p : ptrnodo;
3       achou   : integer;
4   begin
5       achou := 0;
6       if (h <> nil)
7       then begin
8              p := h^.inicio;
9              while ((p <> nil) and (achou = 0))
10             do begin
11                   if (p^.valor = v1) then
12                       achou := 1
13                   else
14                       p := p^.prox;
15                end;
16             if (achou = 1)
17             then begin
18                    new(novo);
```

```pascal
19                         if (novo <> nil)
20                            then begin
21                                novo^.valor := v2;
22                                novo^.prox := p^.prox;
23                                p^.prox := novo;
24                                if (p = h^.fim) then
25                                    h^.fim := novo;
26                                h^.qtde := h^.qtde + 1;
27                            end;
28                        end;
29            end;
30    end;
```

3.2 Faça um procedimento que insira um valor em determinada posição da lista (o procedimento recebe como parâmetros o valor e a posição onde o valor deve ser inserido).

```pascal
1   procedure insere_posicao(h : ptrheader; valor : integer; pos : integer;\
     (cont.) var status : integer);
2   var aux, ant, novo : ptrnodo;
3       i              : integer;
4   begin
5       i := 1;
6       status := 0;
7       if (h <> nil)
8           then begin
9               aux := h^.inicio;
10              while ((i < pos) and (aux <> nil))
11              do begin
12                  ant := aux;
13                  aux := aux^.prox;
14                  i := i + 1;
15              end;
16              if (pos = i)
17              then begin
18                  new(novo);
19                  novo^.valor := valor;
20                  novo^.prox := aux;
21                  if (pos = 1)
22                  then begin
23                      h^.inicio := novo;
24                      if (h^.fim = nil) then
25                          h^.fim := novo;
26                  end
27                  else begin
```

```
28              ant^.prox := novo;
29              if (ant = h^.fim) then
30                  h^.fim := novo;
31              end;
32              h^.qtde := h^.qtde + 1;
33              status := 1;
34          end;
35      end;
36  end;
```

A.4 Exercícios de Lista Circular

Os exercícios a seguir foram implementados para uma lista simplesmente encadeada circular, na qual p aponta para o último nodo inserido.

4.1 Crie um procedimento que insira um valor à direita de k.

```
1   procedure insere_dirk(var p : ptrnodo; k : ptrnodo; v : integer; var \
      (cont.) status : integer);
2   var aux, novo : ptrnodo;
3   begin
4     status := 0;
5     if ((k <> nil) and (p <> nil))
6     then begin
7         aux := p^.prox;
8         repeat
9             aux := aux^.prox;
10        until ((aux = p^.prox) or (aux = k));
11        if (aux = k)
12        then begin
13            new(novo);
14            if (novo <> nil)
15            then begin
16                novo^.valor := v;
17                if (aux = p)
18                then begin
19                    novo^.prox := p^.prox;
20                    p^.prox := novo;
21                    p := novo;
22                end
23                else begin
24                    novo^.prox := aux^.prox;
25                    aux^.prox := novo;
26                end;
```

```
27                          status := 1;
28                      end;
29                  end;
30              end;
31  end;
```

A.5 Exercícios de Pilhas e Filas

5.1 Faça um procedimento que retire os valores maiores que 10 da pilha, utilizando alocação dinâmica (observações: obedeça ao algoritmo push e pop e utilize uma outra pilha como estrutura auxiliar).

```
1   procedure push(var inicio : ptrnodo; var topo : ptrnodo; v : integer);
2   var aux, p : ptrnodo;
3   begin
4       new(aux);
5       if (aux <> nil)
6       then begin
7               aux^.valor := v;
8               aux^.prox := nil;
9               if (inicio = nil)
10              then begin
11                      inicio := aux;
12                      topo := aux;
13                  end
14              else begin
15                      topo^.prox := aux; {cuidado com a ordem destes dois \
                    (cont.) comandos}
16                      topo := aux;
17                  end;
18          end;
19  end;
20
21  procedure pop(var inicio : ptrnodo; var topo : ptrnodo; var valor : \
        (cont.) integer);
22  var aux, p : ptrnodo;
23  begin
24      if (inicio = nil) then
25          writeln('Lista vazia')
26      else
27          if (inicio^.prox = nil)
28          then begin
29                  valor := inicio^.valor;
30                  dispose(inicio);
```

```
31              inicio := nil;
32              topo := nil;
33          end
34       else begin
35              aux := inicio;
36              while (aux^.prox <> nil)
37              do begin
38                  p := aux;
39                  aux := aux^.prox;
40              end;
41              valor := aux^.valor;
42              p^.prox := nil;
43              dispose(aux);
44              topo := p;
45          end;
46   end;
47
48   procedure retira_maior10(var inicio : ptrnodo; var topo : ptrnodo);
49   var aux, inicio2, topo2 : ptrnodo;
50       v                  : integer;
51   begin
52       inicio2 := nil;
53       topo2 := nil;
54       while (inicio <> nil)
55       do begin
56           pop(inicio, topo, v);
57           if (v =< 10) then
58               push(inicio2, topo2, v);
59       end;
60       while (inicio2 <> nil)
61       do begin
62           pop(inicio2, topo2, v);
63           push(inicio, topo, v);
64       end;
65   end;
```

5.2 Faça um procedimento que retire os valores negativos da fila. Utilize os algoritmos de manipulação de filas e nenhuma outra estrutura auxiliar.

```
1   procedure enfileira(var inicio : ptrnodo; var fim : ptrnodo; v : \
    (cont.) integer);
2   var aux, p : ptrnodo;
3   begin
4       new(aux);
5       if (aux <> nil)
```

```pascal
6         then begin
7               aux^.valor := v;
8               aux^.prox := nil;
9               if (inicio = nil)
10                then begin
11                      inicio := aux;
12                      fim := aux;
13                   end
14                else begin
15                      p := inicio;
16                      while (p^.prox <> nil) do
17                         p := p^.prox;
18                      p^.prox := aux;
19                      fim := aux;
20                   end;
21          end;
22    end;
23
24    procedure desenfileira(var inicio : ptrnodo; var fim : ptrnodo; var \
 (cont.) valor : integer);
25    var aux : ptrnodo;
26    begin
27       if (inicio = nil) then
28          writeln('Fila vazia1')
29       else
30          if (inicio^.prox = nil)
31             then begin
32                   valor := inicio^.valor;
33                   dispose(inicio);
34                   inicio := nil;
35                   fim := nil;
36                end
37             else begin
38                   valor := inicio^.valor;
39                   aux := inicio;
40                   inicio := (inicio)^.prox;
41                   dispose(aux);
42                end;
43    end;
44
45    procedure exclui_negativos(var inicio : ptrnodo; var fim : ptrnodo);
46    var aux, prim : ptrnodo;
47        v         : integer;
48    begin
49       aux := inicio;
50       prim := nil;
```

```
51    while ((aux <> nil) and (aux <> prim))
52    do begin
53          desenfileira(inicio, fim, v);
54          if (v > 0)
55          then begin
56                enfileira(inicio, fim, v);
57                if (prim = nil) then
58                    prim := fim;
59          end;
60          aux := inicio;
61    end;
62  end;
```

Apêndice B

Exercícios em Código C

B.1 Exercícios de Listas Simplesmente Encadeadas

Neste item alguns exercícios de listas simplesmente encadeadas apresentam duas soluções. A primeira solução é para listas com dois ponteiros, um ponteiro para o início da lista e outro para o fim da lista. A segunda solução é empregada para listas com apenas um ponteiro para o início da lista. Os exercícios utilizam a seguinte declaração de struct:

```
1  struct nodo
2  {
3    int valor;
4    struct nodo *prox;
5  };
```

1.1 Faça um procedimento que insira um valor antes do último valor da lista.

```
1   void insere_antes_ultimo(struct nodo **inicio, int v)
2   {
3     struct nodo *aux, *novo, *ant;
4
5     if (*inicio != NULL)
6       {
7         novo = (struct nodo *) malloc(sizeof(struct nodo));
8         if (novo != NULL)
9           {
10            novo->valor = v;
11            if ((*inicio)->prox == NULL)
12              {
13                novo->prox = *inicio;
14                *inicio = novo;
15              }
16            else
17              {
18                aux=*inicio;
```

```
19        while (aux->prox != NULL)
20          {
21            ant = aux;
22            aux = aux->prox;
23          }
24        ant->prox = novo;
25        novo->prox = aux;
26      }
27    }
28  }
29 }
```

1.2 Faça um procedimento que receba dois valores v1 e v2. Se v1 aparecer na lista, insira v2 depois de v1 (lista duplamente encadeada).

```
1  void inserev1_v2(struct nodo *inicio, struct nodo **fim, int v1, int v2\
   (cont.) )
2  {
3    struct nodo *novo, *p;
4
5    int achou = 0;
6    p = inicio;
7    while ((p != NULL) && (achou == 0))
8      {
9        if (p->valor == v1)
10           achou = 1;
11       else
12           p = p->prox;
13     }
14   if (achou == 1)
15     {
16       novo = (struct nodo *) malloc(sizeof(struct nodo));
17       if (novo != NULL)
18         {
19           novo->valor = v2;
20           novo->prox = p->prox;
21           p->prox = novo;
22           if (p == *fim)
23             *fim = novo;
24         }
25     }
26 }
27
28 //Lista sem ptr fim
29 void inserev1_v2(struct nodo *inicio, int v1, int v2)
```

```
30  {
31      struct nodo *novo, *p;
32
33      int achou = 0;
34      p = inicio;
35      while ((p != NULL) && (achou == 0))
36      {
37          if (p->valor == v1)
38              achou = 1;
39          else
40              p = p->prox;
41      }
42      if (achou == 1)
43      {
44          novo = (struct nodo *) malloc(sizeof(struct nodo));
45          if (novo != NULL)
46          {
47              novo->valor = v2;
48              novo->prox = p->prox;
49              p->prox = novo;
50          }
51      }
52  }
```

1.3 Faça um procedimento que exclua o maior elemento da lista.

```
1   void exclui_maior(struct nodo **inicio, struct nodo **fim, int *maior, \
(cont.) int *status)
2   {
3       struct nodo *aux, *ant, *a_maior, *emaior;
4
5       *status = 0;
6       if (*inicio != NULL)
7       {
8           *maior = (*inicio)->valor;
9           emaior=*inicio;
10          aux =*inicio;
11          while (aux != NULL)
12          {
13              if (aux->valor > *maior)
14              {
15                  *maior = aux->valor;
16                  a_maior = ant;
17                  emaior = aux;
18              }
```

```
19          ant = aux;
20          aux = aux->prox;
21        }
22      if (emaior == *inicio)
23        *inicio = (*inicio)->prox;
24      else
25        {
26          a_maior->prox = emaior->prox;
27          if (emaior == *fim)
28            *fim = a_maior;
29        }
30      free(emaior);
31      *status = 1;
32    }
33  }
34
35  //Lista sem ptr fim
36  void exclui_maior(struct nodo **inicio, int *maior, int *status)
37  {
38    struct nodo *aux, *ant, *a_maior, *emaior;
39
40    *status = 0;
41    if (*inicio != NULL)
42      {
43        *maior = (*inicio)->valor;
44        emaior=*inicio;
45        aux =*inicio;
46        while (aux != NULL)
47          {
48            if (aux->valor > *maior)
49              {
50                *maior = aux->valor;
51                a_maior = ant;
52                emaior = aux;
53              }
54            ant = aux;
55            aux = aux->prox;
56          }
57        if (emaior == *inicio)
58          *inicio = (*inicio)->prox;
59        else
60          a_maior->prox = emaior->prox;
61        free(emaior);
62        *status = 1;
63      }
64  }
```

1.4 Faça um procedimento que insira um valor depois do primeiro elemento de uma lista simplesmente encadeada.

```c
void insere_depois_prim(struct nodo *inicio, struct nodo **fim, int v, \
     int *status)
{
   struct nodo *novo;
   *status = 0;
   if (inicio != NULL)
     {
        novo = (struct nodo *) malloc(sizeof(struct nodo));
        if (novo != NULL)
          {
             novo->valor = v;
             novo->prox = inicio->prox;
             if (inicio->prox != NULL)
                (inicio->prox)->ant = novo;
             else *fim = novo;
             inicio->prox = novo;
             novo->ant = inicio;
             *status = 1;
          }
     }
}

//Lista sem ptr fim
void insere_depois_prim(struct nodo *inicio, int v, int *status)
{
   struct nodo *novo;
   *status = 0;
   if (inicio != NULL)
     {
        novo = (struct nodo *) malloc(sizeof(struct nodo));
        if (novo != NULL)
          {
             novo->valor = v;
             novo->prox = inicio->prox;
             if (inicio->prox != NULL)
                (inicio->prox)->ant = novo;
             inicio->prox = novo;
             novo->ant = inicio;
             *status = 1;
          }
     }
}
```

B.2 Exercícios de Listas Duplamente Encadeadas

Os exercícios de listas duplamente encadeadas utilizam a seguinte definição de nodo da lista:

```
1  struct nodo
2  {
3    int valor;
4    struct nodo *ant, *prox;
5  };
```

2.1 Faça um procedimento que exclua um valor da lista.

```
1   void exclui_valor(struct nodo **inicio, struct nodo **fim, int v, int *\
(cont.) status)
2   {
3     struct nodo *p, *aux;
4     *status = 0;
5     aux = *inicio;
6     while (aux != NULL)
7       {
8         if (aux->valor == v)
9           {
10            if (aux==*inicio)
11              {
12                *inicio = (*inicio)->prox;
13                if (*inicio == NULL)
14                  *fim = NULL;
15                else (*inicio)->ant = NULL;
16                free(aux);
17                aux=*inicio;
18              }
19            else
20              {
21                p->prox = aux->prox;
22                if (aux->prox != NULL)
23                  (aux->prox)->ant = p;
24                else *fim = p;
25                free(aux);
26                aux = p->prox;
27              }
28          }
29        else
30          {
```

```
31            p = aux;
32            aux = aux->prox;
33        }
34    }
35 }
36 //Lista sem ptr fim
37 void exclui_valor(struct nodo **inicio, int v, int *status)
38 {
39    struct nodo *p, *aux;
40    *status = 0;
41    aux = *inicio;
42    while (aux != NULL)
43    {
44        if (aux->valor == v)
45        {
46            if (aux==*inicio)
47            {
48                *inicio = (*inicio)->prox;
49                if (*inicio != NULL)
50                    (*inicio)->ant = NULL;
51                free(aux);
52                aux=*inicio;
53            }
54            else
55            {
56                p->prox = aux->prox;
57                if (aux->prox != NULL)
58                    (aux->prox)->ant = p;
59                free(aux);
60                aux = p->prox;
61            }
62        }
63        else
64        {
65            p = aux;
66            aux = aux->prox;
67        }
68    }
69 }
```

2.2 Faça um procedimento que exclua o menor elemento da lista.

```
1 void exclui_menor(struct nodo **inicio, struct nodo **fim, int *menor, \
     (cont.) int *status)
2 {
```

```
3      struct nodo *aux, *ant, *a_menor, *emenor;
4      *status = 0;
5      if (*inicio != NULL)
6        {
7           *menor = (*inicio)->valor;
8           emenor=*inicio;
9           aux =*inicio;
10          while (aux != NULL)
11            {
12               if (aux->valor < *menor)
13                 {
14                    *menor = aux->valor;
15                    a_menor = ant;
16                    emenor = aux;
17                 }
18               ant = aux;
19               aux = aux->prox;
20            }
21          if (emenor == *inicio)
22            {
23               *inicio = (*inicio)->prox;
24               if (*inicio != NULL)
25                  (*inicio)->ant = NULL;
26               else *fim = NULL;
27            }
28          else
29            {
30               a_menor->prox = emenor->prox;
31               if (emenor->prox != NULL)
32                  (emenor->prox)->ant = a_menor;
33               else *fim = a_menor;
34            }
35          free(emenor);
36          *status = 1;
37       }
38    }
39
40    //Lista sem ptr fim
41    void exclui_menor(struct nodo **inicio, int *menor, int *status)
42    {
43       struct nodo *aux, *ant, *a_menor, *emenor;
44       *status = 0;
45       if (*inicio != NULL)
46         {
47            *menor = (*inicio)->valor;
48            emenor=*inicio;
```

```
49      aux = *inicio;
50      while (aux != NULL)
51      {
52         if (aux->valor < *menor)
53         {
54            *menor = aux->valor;
55            a_menor = ant;
56            emenor = aux;
57         }
58         ant = aux;
59         aux = aux->prox;
60      }
61      if (emenor == *inicio)
62      {
63         *inicio = (*inicio)->prox;
64         if (*inicio != NULL)
65            (*inicio)->ant = NULL;
66      }
67      else
68      {
69         a_menor->prox = emenor->prox;
70         if (emenor->prox != NULL)
71            (emenor->prox)->ant = a_menor;
72      }
73      free(emenor);
74      *status = 1;
75   }
76 }
```

B.3 Exercícios de Listas Simplesmente Encadeadas com Header

Os exercícios de listas com header utilizam as seguintes declarações para header e nodo da lista, respectivamente:

```
1  struct nodo
2  {
3     int valor;
4     struct nodo *prox;
5  };
6
7  struct header
8  {
9     struct nodo *inicio;
10    int qtde;
```

```
11    struct nodo *fim;
12  };
13
14  //Procedimento para criar o header da lista
15  void cria_header(struct header **h, int *status)
16  {
17    if (*h == NULL)
18      {
19        //Aloca memória para o descritor
20        *h = (struct header *) malloc(sizeof(struct header));
21        if ((*h) != NULL)
22          {
23            (*h)->inicio = NULL; //inicializa o campo inicio do descritor com \
                 (cont.) null
24            (*h)->qtde = 0;      //inicializa o campo qtde com 0
25            (*h)->fim = NULL;    //inicializa o campo fim com null
26            *status = 1;
27          }
28        else *status = 0;
29      }
30  }
```

3.1 Faça um procedimento que receba dois valores v1 e v2. Se v1 aparecer na lista, insira v2 depois de v1 (lista duplamente encadeada).

```
1   void inserev1_v2(struct header *h, int v1, int v2)
2   {
3     struct nodo *novo, *p;
4     int achou = 0;
5     if (h != NULL)
6       {
7         p = h->inicio;
8         while ((p != NULL) && (achou == 0))
9           {
10            if (p->valor == v1)
11              achou = 1;
12            else
13              p = p->prox;
14          }
15        if (achou == 1)
16          {
17            novo = (struct nodo *) malloc(sizeof(struct nodo));
18            if (novo != NULL)
19              {
20                novo->valor = v2;
```

```
21          novo->prox = p->prox;
22          p->prox = novo;
23          if (p == h->fim)
24              h->fim = novo;
25          h->qtde = h->qtde + 1;
26        }
27      }
28    }
29  }
```

3.2 Faça um procedimento que insira um valor em determinada posição da lista (o procedimento recebe como parâmetros o valor e a posição na qual o valor deve ser inserido).

```
1  void insere_posicao(struct header *h, int valor, int pos, int *status)
2  {
3    struct nodo *aux, *ant, *novo;
4    int i = 1;
5    *status = 0;
6    if (h != NULL)
7      {
8        aux = h->inicio;
9        while ((i < pos) && (aux != NULL))
10         {
11           ant = aux;
12           aux = aux->prox;
13           i++;
14         }
15        if (pos == i)
16         {
17           novo = (struct nodo *) malloc(sizeof(struct nodo));
18           novo->valor = valor;
19           novo->prox = aux;
20           if (pos == 1)
21             {
22               h->inicio = novo;
23               if (h->fim == NULL)
24                 h->fim = novo;
25             }
26           else
27             {
28               ant->prox = novo;
29               if (ant == h->fim)
30                 h->fim = novo;
31             }
```

```
32              h->qtde = h->qtde + 1;
33              *status = 1;
34          }
35      }
36  }
```

B.4 Exercícios de Lista Circular

Os exercícios a seguir foram implementados para uma lista simplesmente encadeada circular, na qual p aponta para o último nodo inserido.

```
1  struct nodo
2  {
3    int valor;
4    struct nodo *prox;
5  };
```

4.1 Crie uma função que retorne o maior.

```
1  int maior(struct nodo *p)
2  {
3    struct nodo * aux;
4    int maior_v;
5    if (p != NULL)
6      {
7        aux = p->prox;
8        maior_v = aux->valor;
9        do
10         {
11           if (aux->valor > maior_v)
12             maior_v = aux->valor;
13           aux = aux->prox;
14         } while (aux != p->prox);
15      }
16    return maior_v;
17 }
```

B.5 Exercícios de Pilhas e Filas

5.1 Faça um procedimento que retire os valores maiores que 10 da pilha (obedeça ao algoritmo push e pop e utilize uma outra pilha como estrutura auxiliar). Utilize alocação dinâmica.

```c
void push(struct nodo **inicio, struct nodo **topo, int v)
{
   struct nodo *aux, *p;
   aux = (struct nodo *) malloc(sizeof(struct nodo));
   if (aux != NULL)
     {
        aux->valor = v;
        aux->prox = NULL;
        if (*inicio == NULL)
          {
             *inicio = aux;
             *topo = aux;
          }
        else
          {
             (*topo)->prox = aux;
             *topo = aux;
          }
     }
}

void pop(struct nodo **inicio, struct nodo **topo, int *valor)
{
   struct nodo *aux, *p;
   if (*inicio == NULL)
     printf("Lista vazia");
   else if ((*inicio)->prox == NULL)
     {
        *valor = (*inicio)->valor;
        free(*inicio);
        *inicio = NULL;
        *topo = NULL;
     }
   else
     {
        aux=*inicio;
        while (aux->prox != NULL)
          {
             p = aux;
             aux = aux->prox;
          }
        *valor = aux->valor;
        p->prox = NULL;
```

```
44        free(aux);
45        *topo = p;
46      }
47  }
48
49  void retira_maior10(struct nodo **inicio, struct nodo **topo)
50  {
51    struct nodo *aux, *inicio2, *topo2;
52    int v;
53    inicio2 = NULL;
54    topo2 = NULL;
55    while (*inicio != NULL)
56      {
57        pop(inicio, topo, &v);
58        if (v <= 10)
59          push(&inicio2, &topo2, v);
60      }
61    while (inicio2 != NULL)
62      {
63        pop(&inicio2, &topo2, &v);
64        push(inicio, topo, v);
65      }
66  }
```

5.2 Faça um procedimento que retire os valores negativos da fila (utilize os algoritmos de manipulação de filas e nenhuma outra estrutura auxiliar).

```
1   void enfileira(struct nodo **inicio, struct nodo **fim, int v)
2   {
3     struct nodo *aux, *p;
4     aux = (struct nodo *) malloc(sizeof(struct nodo));
5     if (aux != NULL)
6       {
7         aux->valor = v;
8         aux->prox = NULL;
9         if (*inicio == NULL)
10          {
11            *inicio = aux;
12            *fim = aux;
13          }
14        else
15          {
16            p=*inicio;
17            while (p->prox != NULL)
18              p = p->prox;
```

```
19            p->prox = aux;
20            *fim = aux;
21         }
22      }
23   }
24
25   void desenfileira(struct nodo **inicio, struct nodo **fim, int *valor)
26   {
27      struct nodo *aux;
28      if (*inicio == NULL)
29         printf("Fila vazia");
30      else if ((*inicio)->prox == NULL)
31         {
32            *valor = (*inicio)->valor;
33            free(*inicio);
34            *inicio = NULL;
35            *fim = NULL;
36         }
37      else
38         {
39            *valor = (*inicio)->valor;
40            aux=*inicio;
41            *inicio = (*inicio)->prox;
42            free(aux);
43         }
44   }
45
46   void exclui_negativos(struct nodo **inicio, struct nodo **fim)
47   {
48      struct nodo *aux, *prim;
49      int v;
50      aux = *inicio;
51      prim = NULL;
52      while ((aux != NULL) && (aux != prim))
53         {
54            desenfileira(inicio, fim, &v);
55            if (v > 0)
56               {
57                  enfileira(inicio, fim, v);
58                  if (prim == NULL)
59                     prim = *fim;
60               }
61            aux = *inicio;
62         }
63   }
```